La Constitution européenne

QUE SAIS-JE ?

La Constitution européenne

CHRISTIAN PHILIP
Professeur à l'Université Jean-Moulin, Lyon III
Député de Rhône

Deuxième édition mise à jour

10e mille

ISBN 2 13 055056 8

Dépôt légal — 1re édition : 2004
2e édition mise à jour : 2005, mai

6, avenue Reille, 75014 Paris

NOTE MÉTHODOLOGIQUE POUR UNE LECTURE DE LA CONSTITUTION EUROPÉENNE

Pour comprendre les citations que cet ouvrage fait du projet de constitution européenne, nous devons indiquer sa structure :

- un bref préambule qui reste d'une portée très générale ;
- une première partie composée de 9 titres (définition et objectifs de l'Union ; les droits fondamentaux et la citoyenneté de l'Union ; les compétences de l'Union ; les institutions de l'Union ; l'exercice des compétences de l'Union ; la vie démocratique de l'Union ; les finances de l'Union ; l'Union et son environnement proche ; l'appartenance à l'Union) et 60 articles brosse le cadre de l'action de l'Union européenne ;
- une seconde partie (un préambule et 7 titres, articles 61 à 114) intègre la Charte des droits fondamentaux de l'Union ;
- une troisième partie (7 titres, articles 115 à 436) définit « les politiques et le fonctionnement de l'Union » ;
- une quatrième partie conclusive (articles 437 à 448) consacrée à des « dispositions générales et finales » ;
- 5 protocoles et 3 déclarations annexés au projet de constitution.

Les articles sont numérotés de 1 à 59 ; on fait précéder le numéro de l'article par celui de la partie écrit en caractère romain (I, II, III ou IV), d'où I-57 ou III-235.

INTRODUCTION

Pourquoi une Constitution européenne et pour quoi faire ? Son élaboration, son adoption, sa ratification sont un moment privilégié d'un véritable débat sur l'Union européenne et son projet au XXIe siècle, une Europe aujourd'hui réunifiée. 2004 a été une année clé avec l'entrée effective de 10 nouveaux États membres le 1er mai, les élections au Parlement européen en juin et la signature à Rome le 29 octobre du traité établissant une constitution pour l'Europe. Cet ouvrage a pour objectif de donner à chacun les principaux éléments d'information pour comprendre et participer à ce débat.

Vouloir une Europe forte, ce n'est ni céder à une mode ni s'inscrire dans une idéologie. Il faut savoir que le vécu quotidien de chaque européen, même si une majorité n'en a pas encore conscience, dépendra des réponses qui seront apportées au type d'Europe que nous voudrons et serons capables de mettre en place.

La Constitution européenne est née d'un projet rédigé par la Convention pour l'avenir de l'Europe présidée par Valéry Giscard d'Estaing. Peu d'observateurs pensaient ce résultat possible lors de sa première réunion début 2002, un an après le difficile et critiqué compromis du traité de Nice. Cinquante ans seulement après que Jean Monnet et Robert Schuman aient su ouvrir la voie, l'Europe se donne la chance d'un nouveau départ. Saurons-nous transformer cet essai ? « Le résultat est certes imparfait mais inespéré », a dit Valéry Giscard d'Estaing. Il faut maintenant aller au bout du processus engagé, obtenir les ratifications de chaque État membre pour une entrée en vigueur prévue le 1er novembre 2006. Pour réussir, il faut convaincre nos concitoyens. Le professeur et le député que je suis souhaite contribuer à cette adhésion autour d'une constitution européenne laquelle, sans faire disparaître nos identités nationales, doit rassembler plus de 450 millions d'Européens dans un projet commun.

« Rendre à la vieille Europe sa force, sa grandeur et son rayonnement », disait Paul Henri Spaak en 1953. Le défi reste le même.

I. – La notion de constitution européenne

Les termes de « constitution européenne » méritent d'emblée d'être précisés.

Au sens juridique, la Constitution européenne ne sera pas une véritable constitution puisque l'Union européenne réunit des États qui conservent une personnalité internationale propre. Une « constitution » est un pacte de droit interne qui définit les principes et l'organisation autour desquels un, voire plusieurs peuples, décident de vivre ensemble et de former un seul État au regard du droit international. Que cet État soit unitaire, fortement décentralisé ou non, fédéral, c'est ce seul État (sauf des exceptions limitées) qui exerce la représentation et les compétences internationales.

La Constitution européenne, comme l'ensemble des actes constitutifs adoptés depuis un demi-siècle auxquels elle se substituera, pendra toujours la forme d'un traité international. Le projet de constitution adopté par la Convention a été soumis à une conférence intergouvernementale classique réunissant les seuls gouvernements des États membres, conférence qui s'est conclue par un traité en cours de ratification selon les règles et procédures fixées par chaque constitution nationale de chacun des 25 États de l'Union.

Il n'est cependant pas abusif d'utiliser le mot « constitution ». Déjà la Cour de justice a qualifié les traités institutifs de « charte constitutionnelle ». Dès la création de la CECA, les États fondateurs ont entendu se lier autrement que par une organisation internationale, mais en décidant de confier à des institutions crées à cet effet l'exercice en commun de certaines prérogatives attachées à leur souveraineté. Parce que la Constitution européenne déterminera un partage des compétences entre l'Union et les États membres, parce qu'elle renforcera la lisibilité politique des actes obligatoires et d'effet direct (des actes qui s'imposent sur les règles nationales en cas de conflit de normes) en utilisant le terme de « loi européenne », parce qu'elle confirmera l'existence d'une citoyenneté européenne qui s'ajoute à la citoyenneté nationale... Il s'agit bien d'un texte de nature constitutionnelle. De Constitution il s'agit quand, dès l'article 1er, les premiers mots font référence à « la volonté des citoyens et des États d'Europe de bâtir leur avenir commun ». L'Union européenne ne réunit pas seulement des États, elle est aussi une union des peuples. La Constitution européenne sera un document *sui generis,* comme l'Union européenne elle-même est un ordre juridique *sui generis*. Il s'agira d'une constitution mais qui prend la forme d'un traité.

L'utilisation du terme « constitution », a une signification importante. Elle marque la volonté de donner au traité un caractère particulier, d'en faire l'acte fondateur des objectifs et de l'organisation qu'entendent se donner gouvernements et citoyens de l'Europe élargie. Le mot « constitution » n'est pas neutre. Il possède une force symbolique et ne cache pas une réalité – l'Union – que l'on souhaite magnifier. La forme d'un traité respecte la compétence des États d'engager leur pays. Le nouveau traité a une vraie dimension politique, au sens premier du terme. Vouloir reconstituer l'Union européenne par l'adoption d'un acte nouveau, fusionnant l'ensemble des traités précédents tout en renforçant compétences et institutions communes, un acte adopté de façon solennelle que l'on dénomme « constitution européenne » signifie une volonté de franchir une nouvelle étape, de donner aux citoyens des 25 États membres un pacte constitutif qu'ils puissent s'approprier et considérer comme fondant leur vécu quotidien. L'objectif est de leur faire comprendre et ressentir qu'ils appartiennent à deux communautés, une communauté nationale et la communauté européenne, désormais intimement liées. Ainsi, il est maintenant logique d'avoir deux constitutions, une constitution nationale et une constitution européenne.

II. – La Convention pour l'avenir de l'Europe

Le traité de Nice avait laissé un arrière-goût d'inachevé. Aussi, dans une déclaration annexée au traité, les chefs d'États et de gouvernements envisageaient expressément la poursuite du processus prévoyant une nouvelle conférence intergouvernementale dès 2004 mais souhaitaient au préalable « qu'un débat à la fois plus large et plus approfondi s'engage sur l'avenir de l'Union européenne ». On va alors s'inspirer d'un précédent qui vient de réussir, à savoir charger une convention non uniquement intergouvernementale d'élaborer un projet soumis ensuite à l'approbation des représentants des États. Ce précédent avait été imaginé pour élaborer la charte des droits fondamentaux adoptée fin 2000. Le Conseil européen de Laeken en décembre 2001 convoquera une telle convention avec mission de proposer d'ici à juin 2003 une constitution européenne.

Le terme « convention », comme pour le terme de « constitution », a une signification politique forte. On a choisi de parler de « convention » à l'image de la Convention de Philadelphie qui élabora en 1787 la constitution des États-Unis. Même si le contexte est différent, l'objectif est dans l'esprit le même : enclencher un processus conduisant tous les États d'un même continent à construire une union.

La Convention a compté 105 membres. Désignés par le Conseil européen de Laaken, son président était l'ancien président de la République française, M. Valéry Giscard d'Estaing, assistés de deux vice-présidents, anciens chefs de gouvernement dans leur pays respectifs, l'Italien Giuliano Amato et le Belge Jean-Luc Dehaene. Chaque chef d'État ou de gouvernement des 28 États membres et candidats (les 15 membres actuels, les 10 pays qui entreront le 1er mai 2004, la Bulgarie et la Roumanie dont l'adhésion est prévue pour 2007, la Turquie) avait un représentant, lequel a été le plus souvent un ministre en exercice. Pour la France, après

Pierre Moscovici, ministre en charge des Affaires européennes dans le gouvernement de Lionel Jospin, c'est Dominique de Villepin, ministre des Affaires étrangères, qui le remplace à partir de novembre 2002. Le Parlement européen avait 16 représentants à la Convention élus en son sein à la proportionnelle des groupes politiques le composant (2 Français, Olivier Dumahel, socialiste, et Alain Lamassoure, ex-UDF et aujourd'hui UMP). La Commission avait deux membres, le Français Michel Barnier et l'Italien Antonio Vitorino. Surtout, élément original de la composition de la Convention, étaient majoritaires les 56 représentants des parlements nationaux des 28 États à raison de deux représentants par État (pour la France, l'Assemblée nationale a d'abord délégué Alain Barrau, président de la Délégation à l'Union européenne puis, après les élections de juin 2002, son successeur Pierre Lequiller ; pour le Sénat, c'est également le président de la Délégation à l'Union européenne, Hubert Haenel, qui était membre de la Convention).

Excepté le président et les deux vice-présidents, chaque « conventionnel » avait un suppléant et les 102 suppléants ont été invités à siéger. En France, le suppléant du gouvernement a d'abord été Pierre Vimont puis, en août 2002, Pascale Andreani, nommée alors secrétaire générale du SGCI en charge de la coordination de l'ensemble de la politique française par rapport à l'Union européenne. Pour le Parlement, les suppléants ont été volontairement choisis dans l'opposition, Anne-Marie Idrac puis Jacques Floch à l'Assemblée Nationale et au Sénat Robert Badinter. Deux autres français ont siégé comme suppléant, William Abitbol et Pervenche Pérès au titre du Parlement européen.

Enfin, 13 observateurs ont été invités à assister aux réunions de la Convention, 6 membres du Comité des Régions (dont une Française, Mme Claude du Granrut), trois membres du Comité économique et social, trois représentants des partenaires sociaux européens et le médiateur européen.

Un présidium (bureau de la Convention) avait en charge la coordination des travaux et la mission de rédaction. Il était composé du président et des deux vice-présidents, de deux membres du Parlement européen, des deux membres de la Convention représentant la Commission, de deux membres représentant les parlements nationaux élus par les parlements nationaux membres de la Convention, de trois représentants de la présidence de l'Union – les trois pays exerçant la présidence pendant la Convention, à savoir l'Espagne, le Danemark et la Grèce –, enfin un représentant des pays candidats désigné par ces derniers.

On voit le caractère très particulier de cette assemblée qui n'était pas une conférence diplomatique traditionnelle avec les seuls ministres assistés de hauts fonctionnaires, mais une véritable assemblée politique. Ce défi pouvait-il réussir ? Beaucoup en ont longtemps douté mais, malgré les positions souvent divergentes des uns et des autres, force est de constater que chacun s'est vite convaincu du moment historique que représentait cette Convention, et personne n'a voulu prendre la responsabilité d'un échec. Il y a eu sur la fin, en mai-juin 2003, de fortes tensions, mais c'était normal à ce stade, et celles-ci n'ont pas empêché un compromis de se forger. Ce succès est sans doute dû à l'intelligence avec laquelle Valéry Giscard d'Estaing a conduit les travaux de la Convention. Il a d'abord imposé une phase d'écoute, jusqu'à l'été 2002, jugée trop longue par beaucoup mais qui a permis à chacun de s'exprimer, d'identifier les attentes, de percevoir les enjeux et les difficultés à surmonter. Ensuite est venue une phase de réflexion autour de onze groupes de travail crées pour traiter de thèmes particuliers (le principe de subsidiarité ; la personnalité juridique de l'union européenne ; le rôle des parlements nationaux ; l'intégration de la Charte européenne des droits fondamentaux ; la gouvernance économique ; les compétences dites « complémentaires » où l'action de l'Union vient en complément de l'action des États qui conserveront le principe de la compétence sur ces matières ; la simplification des procédures de l'Union ; la politique extérieure de l'Union ; la défense ; l'espace de liberté, de sécurité et de justice ; l'Europe sociale). Enfin le premier semestre 2003, a été la phase de proposition où le Présidium a progressivement présenté le projet de constitution, projet régulièrement modifié pour tenir compte des réactions de la Convention.

Le succès est dû aussi à une règle voulue par Valéry Giscard d'Estaing : le consensus. On n'a pas voté à la Convention et, compte tenu de la diversité de sa composition, c'est vrai que la légitimité des votes aurait pu être contestée. Surtout, le président de la Convention a voulu faire appel à la responsabilité de chaque conventionnel, sachant qu'un projet adopté par consensus, sans options sur quelque point que ce soit, aurait une force qui fonderait la crédibilité du texte présenté au Conseil européen.

Force est de constater que la Convention a réussi. « De la belle ouvrage ? Certainement ! », a écrit Jacques Floch, membre suppléant représentant l'Assemblée nationale. Quand Valéry Giscard d'Estaing vient présenter le projet de Constitution européenne au Conseil européen de Thessalonique à la fin juin 2003 (le projet définitif est remis le 18 juillet à Rome au président Berlusconi qui le reçoit au titre de président en exercice de l'Union), l'ensemble ou presque des responsables politiques de tous les États participants comme les médias saluent un résultat historique.

III. – Une adoption encore incertaine

Maintenant il reste à aller au bout du processus engagé.

La première étape a été la réunion de la conférence intergouvernementale ouverte le 4 octobre 2003. Le risque était que, se retrouvant entre eux, les gouvernements reviennent sur le texte issu de la Convention, recherchent comme à Amsterdam ou Nice le plus petit dénominateur commun construit autour d'un compromis né de renoncements mutuellement acceptés en fonction des intérêts de chacun. Chacun connaissait ce risque malgré une différence : la conférence intergouvernementale partait d'un texte qui préexistait, d'un texte auquel chaque gouvernement a été associé puisqu'il était représenté à la Convention. L'on espérait que cela lierait la conférence. Bien entendu, chacun savait aussi que le projet de la Convention ne serait pas adopté tel quel et certaines modifications introduites. Mais l'impression était qu'il serait impossible de « détricoter » l'ouvrage. Repartir sur de nouvelles bases serait se condamner à l'échec. Voilà pourquoi la majorité des observateurs souhaitait une conférence rapidement menée. Moins elle durerait, plus on se concentrerait sur quelques points, mieux on pouvait espérer réussir disait-on.

Mais la conférence intergouvernementale a d'abord échoué. Au Conseil européen de décembre 2003, aucun accord ne peut intervenir. Il n'y a même pas un véritable débat entre les chefs d'État ou de gouvernement. La présidence italienne n'a pas su ni pu engager une vraie négociation, proposer les solutions qui auraient pu permettre, sinon un accord, du moins une base d'une discussion susceptible d'aboutir à un accord. Heureusement la présidence irlandaise a su renouer les fils du dialogue, écouter les uns et les autres, puis élaborer les compromis nécessaires. L'Irlande, c'est vrai, a été aidé par le changement de gouvernement qui intervient en Espagne au début du printemps 2004. M. Asnar avait été en partie à l'origine du désaccord de décembre parce qu'inflexible sur la question du vote à la majorité qualifiée, le système de Nice avantageant son pays comme la Pologne. Le nouveau premier ministre espagnol, M. Zapatéro, indique au contraire dès son élection que l'Espagne veut un accord, qu'adopter la Constitution européenne est pour lui une priorité et qu'il saura pour ce faire accepter un compromis sur les modalités du vote à la majorité qualifiée. La Pologne ne pouvait plus bloquer à elle seule le processus. Le Conseil européen du 18 juin peut s'entendre sur un texte final, au demeurant assez proche du projet proposé par la Convention.

Le traité établissant une constitution pour l'Europe est signé à Rome le 29 octobre 2004. Il doit entrer en vigueur le 1er novembre 2006 (art. IV-446) à condition qu'à cette date tous les 25 États signataires aient procédé à la ratification du traité (autrement un mois après la dernière ratification).

Les ratifications s'opèrent conformément aux dispositions constitutionnelles de chaque État, c'est-à-dire soit par voie parlementaire soit par voie référendaire. Dès fin 2004, la Lituanie puis la Hongrie ont ratifié (par voie parlementaire), et le premier référendum a eu lieu en Espagne le 20 février. Un référendum interviendra, outre en Espagne et en France, au Danemark, en Irlande, au Luxembourg, aux Pays-Bas, en Pologne, au Portugal, en République tchèque et au Royaume-Uni (10 pays sur 25).

Même s'il est toujours difficile de faire un pronostic sur un référendum, il faut espérer qu'ils seront tous positifs, même si des incertitudes existent au Danemark, en Suède, voire aux Pays-Bas ou en Pologne (en Pologne, il faut une majorité de oui et une majorité de 50 % des votants ; c'est pourquoi le référendum serait organisé en même temps que les présidentielles en octobre 2005). La consultation sera difficile au Royaume-Uni, même si M. Blair envisage de placer son référendum en dernier (en espérant que tous les autres États ayant ratifié, les britanniques ne voudront pas se couper de l'Europe et en sachant que ce vote interviendra après les élections législatives, à un moment où le parti travailliste et M. Blair, s'ils gagnent à nouveau ces élections, peuvent espérer profiter de l'état « de grâce » postélectoral pour gagner le référendum).

En France, avant de procéder à la ratification, il y a eu une première étape, à savoir réviser la Constitution française pour permettre de ratifier. Saisi par le président de la République, le Conseil constitutionnel, comme pour Maastricht et Amsterdam, en a jugé ainsi dans sa décision du 19 novembre 2004. Après le vote de l'Assemblée nationale et du Sénat, le Congrès réuni à Versailles le 28 février 2005 a approuvé le texte de la loi de révision ce qui permettra l'organisation du référendum le 29 mai.

En France, la Constitution donne au président de la République le choix du mode de ratification d'un traité, normalement la procédure parlementaire comme pour les traités d'Athènes du 16 avril 2003 et l'adhésion de 10 nouveaux États, ou la voie référendaire comme retenue par le président Pompidou pour le premier traité d'élargissement en 1972 (entrée du Royaume-Uni, du Danemark et de l'Irlande) et par le président Mitterrand en 1992 pour la ratification du traité de Maastricht. Le président Chirac a choisi le référendum.

Il y avait pourtant débat. Un référendum était certes considéré comme souhaitable par beaucoup parce qu'un référendum, ce sera la meilleure manière de légitimer l'appartenance de notre pays à l'Union européenne. Mais d'autres ont rappelé que tous les traités institutifs de l'Union européenne (sauf Maastricht) l'ont été par le Parlement, et qu'un référendum est très difficile à gagner. Les tenants du non, aussi différents soient-ils, se retrouvent mécaniquement sur un même vote. Des raisons de politique intérieure viennent décider des électeurs, partisans du oui à voter contre (pour affaiblir le pouvoir en place), voire au moins à s'abstenir. Ainsi du référendum perdu par le général de Gaulle en 1969 au récent référendum négatif en Corse en passant par le oui de 1972 mais avec un fort pourcentage d'abstentions (les socialistes favorables à l'entrée du Royaume-Uni s'abstiennent pour ne pas dire oui à Pompidou) aux 51 % à peine permettant de ratifier le traité de Maastricht, les exemples sont nombreux prouvant qu'une campagne référendaire est toujours difficile, surtout sur un sujet ne touchant pas aux yeux des citoyens à leur vie quotidienne ou à leurs préoccupations immédiates. L'Europe est une priorité, mais malheureusement nos concitoyens n'en ont pas nécessairement conscience.

Un référendum est une procédure risquée. Devait-on prendre ce risque et mettre en péril la Constitution européenne ? La question doit être posée. Les sondages d'opinion en mars-avril semblent prévoir une victoire du non. Le Parlement représente les Français, et il n'y aurait rien eu de choquant à lui confier cette ratification. Un tel acte répond à sa mission dans une démocratie représentative.

Puisque référendum il y a, il aura l'immense avantage de permettre une campagne nationale à même de mobiliser, d'expliquer et, on peut l'espérer, de convaincre de la nécessité pour la France de s'inscrire dans une ambition européenne aussi forte que possible. Mais perdre ce référendum serait grave pour la France. Il faut le gagner, et comme l'a montré Maastricht, ce n'est pas acquis d'avance (d'autant plus que la question de la candidature de la Turquie peut venir gonfler le camp du non).

Que se passerait-il si l'un des 25 États membres ne ratifiait pas le traité ? Pour entrer en vigueur, il faut une ratification de tous les États. Si une situation du type du Danemark en 1992 ou de l'Irlande en 2001 se reproduisait (un premier référendum négatif), il faudrait utiliser une stratégie du même type. Lors d'un Conseil européen certaines adaptations seraient accordées au pays considéré, sans que cela conduise à une modification formelle de la constitution, de manière à lui permettre de disposer des arguments nécessaires pour reprendre la procédure de ratification. L'intérêt général appelle une conciliation de ce type même si un tel processus serait très difficile si la non-ratification était le fait d'un des « grands » États (France ou Royaume-Uni). Si vraiment une impossibilité de ratifier apparaissait pour un pays, alors il faudrait à l'Union soit renoncer au traité et à la Constitution, hypothèse la plus probable, mais ce serait ouvrir une crise, soit indiquer à l'État concerné qu'il devra choisir et qu'une non-ratification signifie un départ de l'Union (même s'il serait souhaitable de proposer à cet État un traité d'association le plus étroit possible).

On pourrait aussi chercher une solution de compromis. En France la 3e partie (les politiques communs) étant la plus critiquée, pourquoi pas limiter la constitution aux deux seules premières parties (institutions et charte) et faire ratifier ceci par le Parlement ?

Ces éléments précisés, nous voudrions d'abord expliquer quels sont les objectifs de la Constitution européenne. Il faut savoir pourquoi l'Europe est nécessaire. Proposer une constitution n'a de sens que si l'on comprend qu'elle est un instrument utile. Nous développerons ensuite la structure de la Constitution européenne.

PREMIÈRE PARTIE

LES OBJECTIFS D'UNE CONSTITUTION EUROPÉENNE

Faire l'Europe n'est pas un but en soi. Vouloir une Europe unie et élargie, c'est avoir des objectifs. Une constitution européenne, c'est l'instrument pour atteindre ces objectifs.

Pourquoi une constitution européenne et pour quoi faire ensemble sont les deux questions auxquelles nous nous proposons de répondre.

Chapitre I

POURQUOI UNE CONSTITUTION EUROPÉENNE ?

La Constitution européenne va permettre de consolider le maintien de la paix en Europe, garantir la démocratie dans les pays membres, consolider l'acquis communautaire, instituer une identité européenne, disposer d'un texte constitutif lisible pour le citoyen européen.

I. – Le maintien de la paix en Europe

Il ne faut jamais oublier que l'idée européenne a d'abord ce premier objectif. Aujourd'hui la paix semble aller de soi. L'ensemble des manifestations et décisions à l'occasion du 40e anniversaire du traité de l'Élysée ont marqué à jamais la réconciliation franco-allemande. Qui imaginerait une nouvelle guerre entre la France et l'Allemagne ? L'élargissement de l'Union européenne à l'Est répondait au même souci. Réunir 25 pays, une trentaine dans quelques années, est à l'évidence pour l'Union européenne créer entre ces États une solidarité et des intérêts communs qui sont les facteurs les plus efficaces du maintien de la paix. Si l'on parvient à construire une politique étrangère et de sécurité commune crédible, conduisant à terme vers une forme de défense commune, la paix sera mieux garantie car la force de dissuasion de l'Union à l'égard d'adversaires potentiels sera, en complément de l'appartenance de chacun à l'OTAN, une donnée qui rendra toute attaque extérieure impossible. Même si l'Europe ne peut se protéger contre tout risque, même si les risques de terrorisme ou de guerre bactériologique demeureront, l'Union sera le cadre le plus adapté pour s'organiser contre cette menace.

Mais il faut toujours souligner que rien n'est définitivement acquis. Quand on observe les conflits malheureusement présents aux portes de l'Union européenne, au Moyen-Orient d'abord, dans l'ex-URSS ou en Afrique, quand on se souvient des atrocités de la guerre des Balkans il y a dix ans, nous devons considérer qu'une implosion de l'Union conduirait très vite à de nouvelles tensions en Europe même. Il faut le rappeler sans cesse aux plus jeunes qui ont eu la chance de ne jamais connaître la guerre et qui trouvent normal que le service militaire n'existe plus. Il faut leur dire que cette situation, ils la doivent avant tout à la construction européenne.

Une constitution européenne permettra de consolider ce pourquoi les pères fondateurs de l'Europe ont imaginé la CECA puis les traités de Rome. Elle ne peut – en rendant plus fort et plus définitif l'engagement européen des États membres – que mieux contribuer au maintien de la paix, sans laquelle rien ne serait possible. On ne s'étonnera donc pas que l'article I-3 du projet de constitution relatif aux objectifs de l'Union commence par ses mots : « L'Union a pour but de promouvoir la paix... »

II. – Garantir la démocratie

Cela nous parait aussi aller de soi. Nous vivons en démocratie et nous n'imaginons plus que celle-ci puisse être menacée.

Cependant, comme pour le maintien de la paix, il est essentiel de répéter que la démocratie est un combat permanent, qu'elle n'est jamais assurée. Il faut en convaincre nos enfants.

Le coup d'État dit des colonels à Athènes en 1967, la montée des mouvements extrémistes ou populistes dans nombre de pays européens (pouvant même conduire à leur participation à un gouvernement comme en Autriche ou aux Pays-Bas), les résultats du 21 avril 2002 en France sont malheureusement la preuve que rien n'est jamais définitivement gagné.

L'Europe doit être un instrument de ce défi. Elle doit rester ce « club » de nations démocratiques, en assumer les valeurs. Nous pouvons être fiers que la Grèce, l'Espagne et le Portugal il y a près de trente ans, les pays de l'Est il y a dix ans, après la chute du mur de Berlin, ont expliqué leur candidature à l'Union européenne non seulement pour se donner les moyens de leur développement économique, mais avant tout pour consolider et garantir la démocratie restaurée dans leurs pays respectifs.

La Constitution européenne est au service de cet objectif. En témoigne l'article I-2 : « L'Union est fondée sur les valeurs de respect de la dignité humaine, de liberté, de démocratie, d'égalité, de l'état de droit, ainsi que des respects des droits de l'Homme... Ces valeurs sont communes aux États membres dans une société caractérisée par le pluralisme, la tolérance, la justice, la solidarité et la non-discrimination. »

La Constitution européenne reconnaît (art. I-9) que les droits fondamentaux garantis par la Convention européenne de sauvegarde des droits de l'homme et des libertés fondamentales et par les traditions constitutionnelles communes aux États membres font partie du droit de l'Union en tant que principes généraux et que l'Union adhérera à la Convention européenne adoptée en 1950 dans le cadre du Conseil de l'Europe. La Constitution intègre la charte des droits fondamentaux de 2000 à laquelle il n'avait pas alors été possible (refus du Royaume-Uni) de donner une force juridique. Elle souligne que la vie démocratique de l'Union repose sur les principes d'égalité démocratique (art. I-45), de la démocratie représentative (art. I-46), de la démocratie participative (art. I-47), du dialogue social (art. I-48) et de la transparence (art. I-50). Il s'agit de faire du système institutionnel et du droit de l'Union une vraie démocratie. Il serait absurde et inacceptable que l'Union n'offre pas les mêmes garanties que celles aujourd'hui organisées dans chacun des États membres.

Si un problème grave devait un jour survenir dans l'un quelconque des États membres, l'Union doit être un rempart. Devant une menace réelle touchant à la démocratie, il serait du devoir de l'Union d'intervenir et de faire les pressions nécessaires sur le gouvernement en cause. Cela ne sera jamais facile comme l'a montré l'exemple autrichien. L'Union doit réserver son éventuelle réaction aux menaces sérieuses, mais il faut considérer qu'il y aurait là un droit d'ingérence démocratique parce que la démocratie est le fondement des valeurs sur lesquelles est conçue l'existence même de l'Union. Mettre en cause la poursuite de la participation de l'État en cause à l'Union serait logique, et l'on peut espérer que cela suffirait à permettre un retour à un ordre démocratique normal. Si tel n'était pas le cas, l'Union devrait avoir le courage de réagir. Disposer d'une constitution sera un instrument renforçant ce devoir d'intervention car il sera alors possible de s'appuyer sur le fait que cette constitution lie non seulement les États, mais réunit « les peuples de l'Europe ». L'article I-59 reprend des dispositions introduites par le traité d'Amsterdam en prévoyant, selon des modalités qu'il détermine, la possible suspension de certains des droits d'un État membre en cas de « violation grave et persistante des valeurs énoncées à l'article I-2 ».

III. – Consolider l'acquis communautaire

L'acquis communautaire, c'est l'ensemble des actions communes conduites jusqu'à ce jour dans le cadre des Communautés européennes et de l'Union européenne.

Robert Schuman l'exprimait dès le 9 mai 1950, « la construction européenne ne se fera pas d'un coup ni dans une construction d'ensemble ». La démarche est fondée sur l'idée de progressivité. Ainsi avons-nous pu avancer au fil des années. Mais la force de l'Union européenne, c'est de considérer que ce qui est décidé est un acquis irréversible, que si l'on ne peut toujours aller de l'avant aussi loin et aussi vite qu'espéré par certains, par contre aucun retour en arrière n'est possible. Chacun a eu tout de suite conscience que si l'acquis pouvait être rediscuté, l'ensemble de ce qui a été construit serait, surtout au fil des élargissements, remis en question et l'Union menacée. Voilà pourquoi il a été exigé des pays candidats qu'ils intègrent l'acquis communautaire avant la signature des traités d'adhésion (validation de cet acquis regroupé dans 31 chapitres réunissant les règles communautaires par domaine de compétences).

La Constitution européenne consolide cet engagement. Elle rassemble dans sa troisième partie l'ensemble des règles constitutives des différentes politiques de l'Union dispersées auparavant dans plusieurs traités et à force de modifications successives peu accessibles au non-spécialiste du droit communautaire. Dans cette troisième partie, nous trouverons toutes les règles constitutives du marché intérieur (libre circulation des personnes et des services, libre circulation des marchandises, règles relatives aux capitaux, règles de concurrence, dispositions fiscales et rapprochement des législations) ; de la politique économique et monétaire (y compris les règles propres à la zone euro) ; des politiques spécifiques (emploi, politique sociale, agriculture et pèche, environnement, protection des consommateurs, transports et réseaux transeuropéens, recherche et espace, énergie) ; les dispositions concernant l'espace de liberté, de sécurité et de justice (contrôles aux frontières et immigration ; coopération judiciaire en matière civile et pénale ; coopération policière) ; les interventions possibles de l'Union en complément de l'action des États membres dans des domaines où ceux-ci conserveront la compétence (santé publique ; industrie ; culture ; éducation, formation professionnelle, jeunesse et sport ; protection civile ; coopération administrative) ; les règles relatives à l'association des pays et territoires d'Outre-mer dépendant d'un État membre ; enfin les dispositions fixant le cadre de l'action extérieure de l'Union (la politique étrangère et de sécurité commune ; la politique commerciale commune ; la coopération avec les pays tiers et l'aide humanitaire ; les accords internationaux conclus par l'Union ; les procédures des relations de l'Union avec les organisations internationales et les pays tiers).

Ainsi, le cadre de l'acquis communautaire est-il inscrit dans la Constitution européenne.

Cet acquis ne pourra être remis en cause que par une révision du traité sur la Constitution européenne. Toute modification ne pourra résulter que d'une vraie nécessité reconnue par tous ou parce qu'il y aura une volonté commune d'aller plus loin et de dépasser cet acquis.

IV. – **Instituer une identité européenne**

Les institutions mises en place par une constitution comme les règles qu'elle édicte sont seulement des instruments au service de la collectivité à laquelle la constitution va servir de pacte constitutif. Encore faut-il que cette collectivité ait une identité ressentie par les citoyens. L'identité européenne s'est peu à peu affirmée au cours de la seconde moitié du XXe siècle, mais elle a besoin d'être confortée pour qu'une majorité d'européens se l'approprie réellement, surtout au moment ou l'Union européenne va connaître un nouvel élargissement aussi important.

À cette fin, la Constitution européenne affirme la personnalité juridique de l'Union et son identité sur la scène internationale, confirme l'existence d'une citoyenneté européenne, a dû se positionner par rapport aux héritages religieux de l'Europe comme au respect de la diversité culturelle et linguistique. La question des frontières de l'Union, non définitivement déterminée, est aussi un point qu'il est difficile d'oublier.

1. **Personnalité juridique.** – L'article I-7 est clair : « L'Union est dotée de la personnalité juridique. » Il institue l'identité européenne au sens juridique du terme. Ce n'est certes pas ce dont va réellement prendre conscience chaque citoyen, mais c'était une condition existentielle pour l'Union européenne. Jusqu'à présent seules les Communautés nées des traités de Paris et de Rome avaient la personnalité juridique et pas l'Union européenne née à Maastricht, concept politique mais non réalité au sens du droit. Ainsi la politique extérieure et de sécurité commune (2e pilier) comme la coopération policière et judiciaire (3e pilier) restent des mécanismes purement intergouvernementaux. Demain, une personnalité juridique unique sera reconnue à l'Union. Cette décision est la conséquence de la fusion des traités institutifs et des « piliers », de l'unité d'action voulue pour l'Union. Elle est particulièrement précieuse pour le développement de l'action extérieure de l'Union.

2. **L'identité internationale de l'Union.** – Avoir une identité propre, c'est exister en tant que tel au regard des autres, en l'occurrence les pays tiers, c'est vouloir montrer aux autres que l'on constitue une entité spécifique.

L'article I-3 de la Constitution va dans ce sens en inscrivant parmi ses objectifs : « Dans ses relations avec le reste du monde, l'Union affirme et promeut ses valeurs et ses intérêts. Elle contribue à la paix, à la sécurité, au développement durable de la planète, à la solidarité et au respect mutuel entre les peuples, au commerce libre et équitable, à l'élimination de la pauvreté et à la protection des droits de l'homme, en particulier ceux des enfants, ainsi qu'au strict respect et au développement du droit international, notamment au respect des principes de la charte des Nations Unies. »

L'article III-296 crée un instrument au service de cette identité ; un service européen pour l'action extérieure comprenant des fonctionnaires à Bruxelles et des délégations de l'Union dans les pays tiers. Que l'Union dispose avec ces délégations de véritables ambassades est un moyen privilégié pour qu'elle soit identifiée comme l'expression d'une personnalité distincte des États la composant. La création d'un « service européen pour l'action extérieure » renforcera ces moyens. Un tel service diplomatique permettra d' « assister le ministre des Affaires étrangères de l'Union ». Le ministre aura ainsi les moyens d'une action qui autrement serait trop dépendante des États membres.

Plus globalement, la définition et la mise en œuvre d'une politique étrangère et de sécurité commune doivent être l'expression de cette identité internationale de l'Union. Aux côtés des États membres qui conservent leur personnalité propre puisque l'Union n'est pas un État fédéral mais une fédération d'États-nations, le Conseil européen identifie les intérêts et objectifs stratégiques de l'Union et prend les décisions nécessaires à cet effet.

3. **La citoyenneté de l'Union.** – Établie par le traité de Maastricht, elle est confirmée par le projet de constitution (art. I-10). « Toute personne ayant la nationa-

lité d'un État membre possède la citoyenneté de l'Union. La citoyenneté de l'Union s'ajoute à la citoyenneté nationale et ne la remplace pas. » Nous avons une double citoyenneté, celle correspondant à notre nationalité et celle de l'Union. Il y a là un élément fort de l'existence d'une identité européenne.

Cette citoyenneté européenne s'exprime par des symboles, un drapeau de l'Union, un hymne (tiré de l' « Ode à la joie » de la 9e symphonie de Beethoven), une devise (Unie dans la diversité), une forme de fête nationale (le 9 mai, journée de l'Europe, en souvenir de la Déclaration Schuman du 9 mai 1950), un passeport dont la structure est commune à tous les pays membres de l'Union. Elle s'exprime surtout par des droits comme le droit de circuler et de séjourner librement sur le territoire de l'un quelconque des États, le droit de vote et d'éligibilité aux élections du Parlement européen et aux élections municipales dans l'État où l'on réside (même si l'on n'a pas la nationalité de cet État), le droit de solliciter la protection des autorités diplomatiques et consulaires d'un autre État membre si son propre pays n'est pas représenté dans l'État tiers où l'on peut se trouver, le droit d'adresser des pétitions au Parlement européen et au médiateur européen où le droit de s'adresser aux institutions de l'Union dans une des 20 langues reconnues et de recevoir réponse dans cette langue.

À ces droits, la Constitution européenne ajoutera (art. I-47, al. 4) que 1 million de citoyens de l'Union pourront demander à la Commission d'engager le processus visant à l'adoption d'un acte juridique sur une question qu'ils préciseront. Ce droit d'initiative citoyenne apparaît particulièrement ouvert car 1 million de signatures, ce n'est vraiment pas un obstacle difficile, même si la Commission ne sera pas liée par la demande.

4. **Le débat sur Dieu et l'Europe.** – Ce débat a donné lieu à de vives controverses au sein de la Convention et a été l'un des moments les plus médiatisés de ses travaux (voir par exemple le titre de *Libération* du 28 février 2003 : « Dieu candidat à l'Europe »). Si l'importance donnée à cette question a pu surprendre, cela a montré que le projet de constitution était bien perçu comme un élément identitaire.

Personne ne peut mettre en cause la réalité du fait religieux dans l'histoire de l'Europe, mais faut-il, et si oui de quelle manière, le mentionner dans les valeurs fondant l'Union européenne du XXIe siècle ?

Pour certains, cela allait de soi. La religion chrétienne est un héritage commun à tous et fait partie de notre patrimoine culturel. Pourquoi vouloir l'oublier ? Ce n'est pas le seul élément constitutif de ce patrimoine commun, mais le principe de laïcité ne peut s'opposer à la reconnaissance de ce constat historique. « C'est un fait, non une opinion », a dit Elmar Brok, allemand et président du groupe du Parti populaire européen (PPE) à la Convention. Pour eux, Dieu reste un fondement de la vie collective. L'exemple le plus fort est celui de la constitution polonaise de 1997 : « Tous les citoyens de la République, autant ceux qui croient en Dieu... que ceux qui ne partagent pas cette foi et qui puisent ces valeurs universelles dans d'autres sources... conscients de la responsabilité devant Dieu ou devant notre propre conscience, instituons la constitution de la Pologne. » La référence à Dieu dans la patrie du pape Jean-Paul II ne surprendra pas (même si on soulignera que la Pologne ne s'appuie pas seulement sur Dieu et reconnaît clairement la liberté de conscience). On rappellera également que le chef d'État du Royaume-Uni, aujourd'hui la reine Élisabeth II, est de droit chef de l'Église anglicane. Plusieurs conventionnels, et pas seulement des polonais, allemands, italiens, lituaniens ou tchèques, ont exprimé ce souci d'une mention explicite de Dieu.

Pour beaucoup, sans nier que les racines de l'Europe s'ancrent dans la religion, il importe de ne pas donner à la religion chrétienne une place privilégiée et de consacrer le principe de laïcité (pas de religion officielle mais respect de toutes les croyances). Cela signifie respecter la liberté religieuse mais ne faire aucune référence à une religion dans le texte constitutionnel. Comme l'a écrit Alain Bauer, ancien grand maître du Grand-Orient de France, « l'Europe doit offrir la liberté de croire, ou de ne pas croire, de changer de religion ou de n'en avoir aucune ».

Le débat avait déjà surgi lors de la rédaction en 2000 de la charte des droits fondamentaux. Il avait été tranché dans un sens laïc, le préambule parlant seulement du « patrimoine spirituel et moral » de l'Union. Une première version évoquant un « héritage culturel, humaniste et religieux... » avait été abandonné, en particulier à la demande de la France. Il faut toutefois noter que la version en langue allemande de la charte parle d'un héritage « spirituel-religieux » *(geistig-religïos)*, ce qui avait été pour le moins un compromis byzantin !

Le préambule de la constitution va plus loin que celui de la charte puisqu'il mentionne les « héritages culturels, religieux et humanistes de l'Europe dont les valeurs, toujours présentes dans son patrimoine, ont ancré dans la vie de la société le rôle central de la personne humaine et de ses droits inviolables et inaliénables, ainsi que le respect du droit... ». L'article I-52 reconnaît un « statut » aux Églises et organisations non confessionnelles ». « L'Union respecte et ne préjuge pas du statut dont bénéficient, en vertu du droit national, les églises... Reconnaissant leur identité et leur contribution spécifique, l'Union maintient un dialogue ouvert, transparent et régulier, avec ces églises et organisations. »

L'identité européenne, ce sont nos racines religieuses, le christianisme d'abord, mais aussi le judaïsme et l'islam. C'est aussi la tradition humaniste née des philosophes du XVIIe siècle. L'identité européenne du XXIe siècle, ce doit être la liberté reconnue à tous de vivre sa foi ou toute autre croyance (sous réserve de la lutte contre les sectes qui cherchent à abuser de cette liberté). La laïcité oui, mais une laïcité comprise non comme excluant le fait religieux, mais cherchant le dialogue et permettant la cohabitation entre tous.

5. **Le respect de la diversité culturelle et linguistique.** – Là aussi, il y a eu un vrai débat à la Convention jusqu'au dernier jour de sa dernière session ! Là aussi, sur le principe comment contester cette nécessité pour l'Europe de reconnaître la richesse d'une telle diversité, mais comment l'exprimer et comment la faire vivre tout en développant des mécanismes permettant aux Européens de mieux prendre conscience de tout ce qu'ils ont en commun ?

L'identité européenne, c'est incontestablement cette diversité née de l'histoire et de la géographie, mais cette diversité pourrait être un facteur d'implosion si elle n'était pas organisée et si elle excluait l'action pour renforcer les éléments qui rassemblent les Européens.

La phrase retenue à l'alinéa 3 de l'article I-3 (objectifs de l'Union) est heureusement simple : « L'Union respecte la richesse de sa diversité culturelle et linguistique, et veille à la sauvegarde et au développement du patrimoine culturel européen. » Mais cette formulation, si elle emporte facilement l'adhésion, ne saurait cacher des difficultés dans le vécu de l'Union.

On l'a vu dans la querelle dite de l' « exception culturelle » mise en avant par la France qui a exigé le maintien de la règle de l'unanimité pour la définition par le Conseil des ministres de la position de l'Union dans la négociation et la conclusion d'accords commerciaux dans le domaine des services culturels et audiovisuels. Il s'agit ici des discussions en cours dans le cadre de l'OMC où la France craint que face aux pressions américaines, l'Europe soit contrainte à des concessions excessives. Les industries et services culturels ne peuvent faire l'objet d'une libéralisation totale, et certains pays peuvent estimer devoir maintenir un contrôle parce que les produits et prestations concernés sont indispensables à l'expression et au développement d'une culture et d'une langue.

Le pluralisme linguistique dans les institutions de l'Union n'est pas facile à vivre au quotidien. 20 langues officielles, c'est beaucoup, c'est trop ! Cela entraîne une lourdeur invraisemblable dans le fonctionnement institutionnel et cela est très cher pour le budget européen. Par exemple, il faut compter plusieurs mois entre la fin du délibéré d'un arrêt de la Cour de justice (le moment où le jugement est adopté) et le prononcé de l'arrêt, simplement en raison des délais de traduction. Le nombre des interprètes et traducteurs devient impressionnant et ne cadre pas avec la rigueur recherchée des finances publiques. Aucun État ne voulant faire un geste, il n'a pas été possible à la Convention de prendre une initiative sur ce sujet, et ce n'est pas la conférence intergouvernementale qui a pu faire évoluer la situation, même si chacun a conscience qu'il sera impossible de maintenir longtemps l'utilisation quasi sur un pied d'égalité de 20 langues.

On regrettera que ce débat soit resté très défensif. Le respect de la diversité culturelle et linguistique de l'Europe devrait conduire à des actions communes pour la promouvoir et faire des Européens des individus et une communauté vivant réellement cette diversité, c'est-à-dire ne renonçant pas à leur culture et à leur langue nationale mais davantage ouverts à la culture et aux langues des autres pays européens. L'Union devrait rendre obligatoire, et dégager des moyens pour en faciliter la mise en œuvre, l'enseignement en primaire et secondaire de deux langues étrangères (deux langues étrangères pour ne pas avoir, aux côtés de la langue nationale, l'apprentissage du seul anglais. Sans chercher à nier le caractère universel de cette langue dans le monde contemporain, apprendre uniquement l'anglais comme langue étrangère, c'est renoncer au pluralisme sans lequel la diversité culturelle et linguistique ne peut exister). L'Union devrait accepter certaines dérogations aux règles de la concurrence pour promouvoir la production et la diffusion en Europe des produits culturels et d'information. L'Union doit faciliter l'introduction de l'idée européenne dans les programmes scolaires. Elle peut aider mieux qu'aujourd'hui à la mobilité des jeunes européens dans leur cursus de formation. L'identité européenne est aussi à ce prix. Chaque pays interprète davantage la notion de diversité culturelle et linguistique pour défendre sa langue, mais semble peu intéressé par une volonté – qui devrait cependant être un complément évident – de développer une meilleure connaissance des cultures et langues des autres pays partenaires. Il faut espérer que l'on comprendra vite que nous défendrons d'autant mieux notre culture et notre langue nationale que nous saurons nous ouvrir à celles des autres États membres de l'Union. La diversité et le pluralisme seront les facteurs premiers d'un combat victorieux contre l'uniformisation qui représente un vrai risque dans le contexte actuel de la mondialisation. Comment par exemple inciter au développement du français si la France considère que se battre pour la diversité, c'est seulement préserver le français dans notre pays ? Un tel combat est perdu d'avance.

6. **La question controversée des frontières de l'Europe.** – L'article I-1 de la Constitution rappelle que « l'Union est ouverte à tous les États européens qui respectent ses valeurs et qui s'engagent à les promouvoir en commun ».

Que l'Union ait vocation à réunir « tous les États européens » parait normal, et les frontières de l'Union seront celles de l'Europe au sens géographique. Oui, mais qu'est ce que l'Europe au sens géographique ? On va voir que tout est moins simple qu'il n'y parait !

Il y a d'abord les pays qui ne poseraient aucun problème s'ils étaient candidats à entrer dans l'Union européenne. Il s'agit de la Norvège déjà deux fois candidate, ayant signé deux traités d'adhésion (1972 et 1994) mais ayant connu deux référendums négatifs l'empêchant de ratifier. Le jour où le peuple norvégien souhaitera intégrer l'Union européenne, il est évident que la porte est grande ouverte. Il s'agit ensuite de la Suisse où, là aussi, la décision appartient aux citoyens suisses.

Il y a ensuite les pays des Balkans, l'ex-Yougoslavie, qui font à l'évidence partie de l'Europe et ont leur place dans une Union déjà ouverte au nord à la Slovénie et au sud à la Grèce. La Croatie est aujourd'hui candidate. Bosnie, Serbie, Kosovo, Monténégro, Albanie ou Macédoine entreront quand ces pays seront à même de prouver qu'ils peuvent défendre les valeurs de l'Union, que leur système politique sera devenu une véritable démocratie, qu'économiquement ils seront à même d'intégrer l'acquis communautaire. Mais ces pays savent qu'une place les attend au sein de l'Union européenne.

Le cas de la Turquie est beaucoup plus difficile. Apparemment, la question parait réglée. Le principe de la candidature turque est admis depuis quarante ans, la Turquie officiellement reconnue comme candidate depuis le Conseil européen d'Helsinki en 1999 (ce qui lui a permis de participer à la Convention). Conformément à une décision du Conseil européen de décembre 2004, les négociations d'adhésion devraient débuter le 3 octobre 2005 à condition que d'ici là la

Turquie signe l'extension de son accord d'union douanière avec les 15 (en vigueur depuis 1995) aux 10 nouveaux États membres, ce qui équivaudrait à une reconnaissance de fait de Chypre. Comment en effet accepter qu'on négocie l'entrée d'un État dans l'Union qui ne reconnaît pas un pays déjà membre ! Ne pas avoir exigé une reconnaissance formelle pour décider de l'ouverture des négociations pose question, comme le fait que, malheureusement, le rapport favorable de la Commission à négocier ne cachait pas les manquements encore existants de la Turquie par rapport à nos valeurs de la démocratie et des droits de l'homme. Certes le Conseil européen a dit qu'il serait possible à tout étape de la négociation de les suspendre et que si « l'objectif commun des négociations est l'adhésion, ces négociations sont un processus ouvert dont l'issue ne peut être garantie à l'avance ». Advenant qu'elles aboutissent, le processus de ratification du traité d'adhésion ne sera pas acquis d'avance. En France, la révision constitutionnelle de mars 2005 prévoit qu'un référendum sera nécessaire. Mais croit-on vraiment qu'on aura le courage d'ouvrir une crise et une crise n'aurait-elle pas des effets graves sur la vie de l'Union comme dans nos relations – nécessaires – avec la Turquie ? Comment faire accepter par cette dernière un partenariat privilégié après l'échec de l'adhésion ? Faute d'avoir voulu adopter une définition de nos frontières, le piège turc s'est refermé, et il sera difficile d'en sortir.

La candidature turque continuera à faire l'objet de vives controverses. Pour les Français qui ont reconnu par une loi le génocide arménien, il est essentiel que la Turquie fasse l'effort de mémoire collectif, comme la

France l'a fait concernant le régime de Vichy, et admette le drame dont a été victime la population arménienne. Surtout, beaucoup posent la question : la Turquie est-elle une nation européenne ? Certes, il y a une toute petite partie de son territoire en Europe, mais le Bosphore est la frontière entre l'Europe et l'Asie, et la Turquie est pour l'essentiel du côté asiatique du Bosphore. Si la Turquie entre, comment dire non demain à d'autres pays dont les liens avec l'Europe sont étroits (Liban, Israël, Maroc... ?). Où irait-on ? Si la Turquie entre, comment dire non à des pays comme l'Ukraine, la Biélorussie, voire la Russie (géographiquement plus européenne que la Turquie), comment dire non à tous les pays membres du Conseil de l'Europe aujourd'hui ouvert à nombre d'États de l'ex-URSS ? Si la Turquie entre, a-t-on pris conscience qu'elle sera le pays le plus peuplé de l'Union, donc celui qui aura le plus de députés européens et un poids important dans l'Union ?

Comment pourrait fonctionner une Union européenne où le pays le dernier entré est le plus important, le plus périphérique et durablement celui où le revenu par habitant est le plus faible ? Oui, les liens historiques de la Turquie avec l'Europe sont réels, l'apport turc à notre civilisation indéniable, la Turquie est membre de l'OTAN, et une défense européenne ne peut qu'être plus crédible élargie à ce pays. Oui, inclure une Turquie islamiste mais laïque peut être un signal fort pour lutter contre le fondamentaliste et éviter une telle dérive en Turquie même. Mais est-ce suffisant ?

La question des frontières de l'Union européenne est une donnée de l'identité européenne. Nous ne pouvions refuser de nous élargir. Si l'on a commencé à six États seulement, c'est uniquement parce que ces pays sont ceux ayant répondu à l'appel de Robert Schuman. Le Royaume-Uni avait été invité à se joindre dès l'origine. Robert Schuman s'adressait « à la France, à l'Allemagne et aux autres pays européens qui souhaiteront adhérer... ». Les trois premiers élargissements ne pouvaient poser problème. S'ouvrir à l'Est était plus difficile mais représentait un défi qu'il n'était ni possible ni souhaitable de refuser. L'actuel élargissement réunifie le continent européen, et les nouveaux membres sont incontestablement européens. Mais l'Union ne pourra s'élargir indéfiniment. La formule du général de Gaulle, « de l'Atlantique à l'Oural », est sans doute devenue excessive. L'Union doit avoir le courage de donner une réponse à la délimitation de ses frontières et être capable d'imaginer au profit des États tiers qui seront nos frontaliers un statut particulier. Ne pas le comprendre, ce serait faire courir à l'Union un risque grave de crise et d'implosion.

Disposer d'une constitution européenne ne peut que rendre ce débat sur les frontières de l'Europe encore plus nécessaire. Elle implique que les citoyens des États membres acquièrent un sentiment d'appartenance à une même communauté, se reconnaissent dans une identité européenne. Cela ne se fera pas sans une adhésion du plus grand nombre à la composition de l'Union européenne, donc que nous sachions déterminer nos frontières.

V. – Disposer d'un texte constitutif de l'Union européenne lisible et accessible au plus grand nombre

Tel était l'un des premiers objectifs visé par la Convention. Permettre aux Européens de disposer d'un texte constitutif de l'Union unique, lisible par chacun, compréhensible pour le plus grand nombre. Dans les États membres, même si la constitution reste un document que peu de citoyens ont lu, il est possible dès l'école d'en parler, et l'on sait qu'il existe. Cela est inenvisageable pour l'Europe tant que ses actes constitutifs sont multiples, quand un article d'un traité d'origine a été révisé plusieurs fois, quand il faut tenir compte pour les pays non membres originaires du traité d'adhésion... Disposer demain d'une constitution européenne qui sera le pacte des engagements européens de tous est la condition première pour rendre l'Europe plus proche des citoyens. Ce n'est pas une condition suffisante, mais c'est une condition nécessaire.

L'objectif est atteint. La Constitution européenne ne sera pas un document que chaque lycéen pourra lire aisément comme l'avait souhaité Valéry Giscard d'Estaing. 448 articles (sans compter le préambule et les textes additionnels) restent aussi par son style et son vocabulaire (même si le texte a été relu par l'Académie française) un texte auquel on aura besoin d'être introduit. Mais c'est la loi du genre, et cette constitution pourra, si on le veut et si l'on s'en donne les moyens, être expliqué. Le temps si elle entre en vigueur conduira à son appropriation par les Européens à l'image de leur constitution nationale. La Constitution de 1958 instituant la Ve République est l'objet (les sondages le montrent régulièrement) d'une forte adhésion, mais combien de Français l'ont lu, et combien en 1958 quand ils l'ont cependant massivement ratifiée ?

Chapitre II

POUR QUOI FAIRE ENSEMBLE ?

La Convention a utilement voulu d'abord débattre des politiques communes avant de définir le système institutionnel. La Constitution européenne veut intégrer la charte des droits fondamentaux, faire mieux fonctionner l'Union économique et monétaire, développer la politique étrangère et de sécurité commune, construire un espace de liberté, de sécurité et de justice.

I. – La protection des droits fondamentaux

La Constitution européenne intègre la charte des droits fondamentaux. Pourquoi est-ce essentiel ? L'Union européenne ne pouvait prétendre continuer à se développer si les compétences exercées en commun – et elles sont de plus en plus nombreuses – n'étaient pas contrôlées au niveau de leur décision et de leur mise en œuvre par les institutions de l'Union d'une manière au moins aussi convaincante qu'au plan national. Comment accepter qu'un sujet, parce qu'il devient de compétence communautaire, puisse être soumis à un contrôle du respect des droits fondamentaux moins important !

Il est vrai que la situation n'est pas préoccupante. La Cour de justice a su construire au fil des années (depuis un arrêt Nold en 1974) une protection très satisfaisante. S'appuyant sur la notion de principes généraux du droit, la Cour s'inspire des traditions constitutionnelles des États membres et de la Convention européenne des droits de l'homme du Conseil de l'Europe pour exercer un contrôle des actes communautaires non pas sous l'angle du petit dénominateur commun, mais maximum.

Néanmoins, il était paradoxal que l'Union ne dispose pas d'un instrument propre, d'autant plus que ce dernier existe depuis l'adoption de la charte à Nice en 2000. Ne pas être capable d'intégrer cette charte à la Constitution européenne était inconcevable quand la quasi-totalité des constitutions des États membres comprennent une déclaration des droits, soit sous la forme d'un préambule comme en France, soit faisant partie du corps de la constitution comme en Allemagne ou en Italie.

Le Royaume-Uni s'était opposé en 2000 à reconnaître une valeur juridique à la charte. On sait que ce pays n'a pas de constitution écrite et qu'il fait confiance aux juridictions pour garantir une protection (de fait incontestable). Il n'a pas été facile de convaincre les britanniques qui se seraient volontiers contentés d'annexer au traité constitutionnel la charte sous la forme d'un protocole additionnel. Même si ce protocole aurait eu la même force juridique, symboliquement il était impossible de se limiter ainsi.

La charte des droits fondamentaux de l'Union constitue la seconde partie du texte du projet de constitution. Le texte de Nice n'a pas été modifié (à l'exception de quelques adaptations rédactionnelles marginales) car il était convenu de ne pas rouvrir la discussion, la charte ayant été adoptée à l'unanimité et personne ne voulant pas prendre le risque de l'affaiblir sur quelque point que ce soit. Tous les commentateurs ont reconnu la force de ce texte qui reprend de manière exhaustive et précise les droits fondamentaux que nous considérons comme inhérents à la société démocratique que nous prétendons constituer. La charte est organisée en un préambule et six titres qui regroupent l'énoncé des droits autour des notions de dignité, liberté, égalité, solidarité, citoyenneté et justice. Un septième titre est consacré aux « dispositions générales régissant l'interprétation et l'application de la charte » ; il précise que la charte ne peut justifier aucune limitation de droits reconnus par d'autres instruments.

L'intégration de la charte dans la constitution va permettre de s'en prévaloir devant la Cour de justice, le tribunal de première instance et les juridictions nationales. Encore une fois, si nos juges disposaient déjà des moyens d'un contrôle réel des actes du droit communautaire, il y a ici un progrès indéniable qui est le garant du caractère démocratique du système que la Constitution européenne a l'ambition de construire.

Ce progrès est d'autant plus réel que l'article I-9 prévoit également que « l'Union adhère à la Convention européenne de sauvegarde des droits de l'homme et des libertés fondamentales ». Ainsi, souhaite-t-on avoir, comme chaque État membre, un double niveau de protection, la charte au plan interne de l'Union et la possibilité pour les citoyens de l'Union qui estimerait n'avoir pu obtenir réparation devant la Cour de justice de s'appuyer sur la Convention européenne et de saisir la Cour européenne des droits de l'homme. Il faudra obtenir du Conseil de l'Europe et de l'ensemble des États ayant ratifié la Convention qu'ils admettent que l'Union européenne, qui n'est pas un État, puisse ratifier la Convention. La reconnaissance au profit de l'Union de la personnalité juridique devrait faciliter cette démarche.

II. – L'union économique et monétaire

La Constitution européenne reprend dans sa troisième partie, et aux trois premiers chapitres du titre III, les dispositions des traités précédents relatives au marché intérieur, à la politique économique et monétaire et aux politiques menées dans des domaines spécifiques. Elle intègre l'ensemble des dispositifs encadrant l'union économique et monétaire.

On n'oubliera pas que l'Europe s'est voulue une union économique avant de chercher à constituer une forme d'union politique. Là était le pari – gagné – de Jean Monnet. Il fallait commencer par l'économie pour créer les intérêts communs qui permettraient ensuite d'élargir l'union à d'autres domaines. Force est de reconnaître, même si cela n'a pas toujours été facile, que le marché intérieur, malgré les réelles insuffisances qui subsistent (sur le plan de la fiscalité ou des mouvements de capitaux par exemple), est une réalité. Il a même été possible d'y ajouter une union monétaire. Bien qu'elle lie seulement 12 des États membres (et souffre d'abord de l'absence du Royaume-Uni), la zone euro est un succès, et l'euro, monnaie commune, malgré toutes les critiques émises à son sujet, a fait beaucoup plus pour convaincre les européens de leur identité spécifique que toutes les autres politiques communes réunies.

L'union économique et monétaire, c'est le fondement même de l'Union européenne, de ce pourquoi les États membres ont adhéré à l'Union, de ce que nous voulons et devons faire ensemble. Pourtant c'est le domaine où la Convention n'a pas su innover, progresser. Certes l'essentiel était d'ores et déjà établi, mais on attendait de la Convention une capacité à proposer une véritable gouvernance économique qui fait aujourd'hui défaut, à suggérer une politique sociale qui n'existe pas réellement.

Un groupe de travail de la Convention a bien été consacré à la gouvernance économique mais entre libéraux et socialistes il n'y a pas eu accord, et le rapport reste assez vague. Pour les uns priment croissance et compétitivité, pour d'autres plein emploi, cohésion sociale ou services publics. Améliorer la coordination des politiques économiques apparaît nécessaire à tous, mais il n'y a pas eu consensus sur le fond. Des tensions se sont aussi fait jour entre pays participant à la zone euro et les autres peu désireux de reconnaître aux seuls États engagés par l'union monétaire un pouvoir de décision autonome. Il n'est donc pas surprenant que le texte de la constitution ne permette pas une avancée substantielle et en aucune manière ne crée la gouvernance économique recherchée. On notera seulement un protocole sur l'Eurogroupe qui constitutionnalise la pratique des réunions à 12 des ministres des États membres ayant adopté l'euro et ajoute que ces ministres élisent un président pour deux ans et demi à la majorité (M. Juncker, le Premier ministre luxembourgeois, a d'ores et déjà été désigné).

L'actualité de ces derniers mois l'a clairement montré, le manque de coordination entre pays européens est particulièrement évident dans le domaine de la politique budgétaire. Malgré les engagements pris dans le cadre du traité de Maastricht (les célèbres critères de convergence dont l'interdiction de dépasser un déficit de 3 %), les États ne sont pas parvenus à harmoniser leurs actions, chacun estimant que le budget reste un instrument leur permettant de disposer d'une certaine autonomie alors qu'ils n'ont plus de marges de manœuvre par la politique monétaire. Cela peut se comprendre mais, si l'on prend en compte que l'Union n'a pas la possibilité d'influer sur la politique économique par le propre budget de l'Union (trop faible, moins de 1 % du PIB des États membres dont plus de 40 % pour la seule politique agricole commune), il est clair que l'Union économique n'a pas les cartes *minima* pour conduire une véritable politique économique. Aussi, se cantonne-t-elle à cette règle d'un déficit inférieur à 3 % alors que porter attention au seul volume des dépenses sans chercher à tenir compte de la nature de celles-ci (fonctionnement ou investissement, dépenses salariales ou effort de recherche...) peut paraître peu compréhensible.

L'absence d'une harmonisation fiscale suffisante est tout autant patente. Il n'a pas été possible à la Convention, les britanniques s'y opposant, d'élargir le champ de vote à la majorité qualifiée en matière fiscale. Sur le plan monétaire, la répartition des pouvoirs entre la Banque centrale européenne et les ministres des finances n'est pas satisfaisante. Il n'y a pas un pilotage macro-économique crédible de la zone euro, l'Eurogroupe restant trop informel et sans compétences réelles. On constate davantage une juxtaposition de marchés de capitaux que l'émergence d'un véritable espace financier unique et stabilisé.

Ces difficultés ne permettent pas à l'union économique et monétaire de produire tous ses effets. Elles paralysent plus qu'elles suscitent l'initiative. Dans une période de faible croissance comme aujourd'hui, on en vient vite à faire de l'Europe un responsable de la crise, une contrainte aux politiques de relance, alors qu'en réalité c'est l'absence d'une gouvernance économique européenne crédible qui fait défaut. Et cela est aggravé par le fait que parallèlement il n'y a pas non plus une gouvernance sociale.

Sur le plan social, le bilan de la Convention est tout autant décevant. Le groupe de travail créé à la fin de la phase de réflexion (il s'est ajouté au dernier moment) n'a pas permis un consensus suffisant pour progresser. Il n'y a pas d'amorce d'une coordination des politiques sociales. Le vote à l'unanimité reste la règle dans le domaine de la sécurité sociale, de la protection des travailleurs quand il est mis fin au contrat de travail, ou de la représentation collective. Il n'y a rien sur la possibilité pour l'Union de prendre des initiatives dans un domaine aussi crucial au cours des prochaines années que la santé publique et plus généralement le financement de la protection sociale. L'affirmation de la volonté de promouvoir le rôle des partenaires sociaux dans l'Union et de faciliter le dialogue entre eux tient davantage de la déclaration que de la règle de droit.

Il ne faut certes pas oublier tous les aspects positifs de l'Union économique et monétaire, l'existence d'un marché intérieur à 15 pays, à 25 puis 27 demain, la création de la zone euro, mais c'est parce que tout cela a pu être réalisé que nous devons aussi souligner combien de nombreux conventionnels ont regretté que l'occasion de l'élaboration du projet de Constitution européenne n'ait pu permettre de franchir une nouvelle étape.

III. – Une politique étrangère et de sécurité commune

Même souvent vilipendée et si les récents événements d'Irak ont mis cruellement en lumière les divisions des européens, il y a un acquis de l'action extérieure de l'Union. Tout en soulignant ses insuffisances, il ne faut pas l'oublier, car construire une politique étrangère et de sécurité commune sans cet acquis serait peut-être aujourd'hui une mission impossible.

Heureusement, la Convention a su et pu proposer des progrès réels et la conférence intergouvernementale l'a suivie. La Constitution européenne marque une étape importante ce qui montre, malgré leurs différends, que les États sont conscients de la nécessité d'une telle politique.

Le débat sur la place de l'Europe dans le monde, sur nos relations avec les États-Unis devra se poursuivre. Son acuité même reflète combien l'Europe sait que pour exister au XXIe siècle, à côté de l'union économique et monétaire, elle doit parvenir à faire entendre sa voix et pour ce faire disposer, même dans le respect de compétences internationales propres à chaque État membre, d'une politique étrangère et de sécurité.

1. **Un acquis même insuffisant.** – L'effort pour harmoniser les politiques étrangères des États membres date du début des années 1970, il y a donc déjà trente ans. L'accord Davignon a permis d'établir un mécanisme de coopération intergouvernementale prévoyant des rencontres régulières et a pu, dans certains cas (la question israélo-palestinienne par exemple), déboucher sur des prises de positions communes. Il a été intégré par l'Acte Unique européen (première révision d'ensemble des traités d'origine en 1986, entré en vigueur le 1er juillet 1987) dans l'architecture officielle des Communautés.

Surtout, le traité de Maastricht en 1992 a fait de l'élaboration d'une politique étrangère et de sécurité commune un objectif prioritaire, lui consacrant un titre entier. Il ne s'agit plus seulement d'un mécanisme de coordination mais d'une volonté d'agir en commun (« L'Union définit en met en œuvre une politique étrangère et de sécurité commune couvrant tous les domaines de la politique étrangère et de sécurité... »). Il ne s'agit plus seulement de s'informer mutuellement et si possible de faire des déclarations communes. Le Conseil européen « décide des stratégies communes », « arrête des actions communes » et « des positions communes ». La démarche reste intergouvernementale, d'où la notion de second pilier de l'Union. La politique étrangère et de sécurité commune répond à une mission donnée à l'Union européenne, mais obéit à des règles différentes de celles en vigueur pour l'union économique et monétaire, ne dépend pas des institutions de l'Union (sauf dispositions particulières expressément prévues dans le traité de Maastricht) mais s'inscrit dans un système qui reste du domaine des relations intergouvernementales entre États membres.

Le traité d'Amsterdam en 1997 a réécrit ces dispositions pour les conforter et, tenant compte des premières années de mise en place, pour renforcer certaines dispositions, ce qui a démontré la volonté des États d'aller de l'avant.

C'est vrai que les manifestations concrètes sont encore limitées et notoirement insuffisantes. La règle de l'unanimité, propre à une démarche intergouvernementale, a le plus souvent conduit à des blocages, donc à l'inaction, ou à des positions exprimant davantage un plus petit dénominateur commun que reflétant une déclaration claire de l'Union. Mais, il y a un acquis à ne pas négliger. Les rencontres régulières entre hauts fonctionnaires et ministres créent un réflexe d'information et de consultations mutuelles, enclenchent un processus de coordination, même si l'on doit constater des désaccords. Tous les conseils européens consacrent un moment important à ces questions. Les États tiers prennent aussi l'habitude d'avoir, aux côtés des États membres, une relation spécifique avec l'Union européenne en tant que telle. Ils ont des contacts directs avec sa présidence et depuis Amsterdam avec le haut représentant pour la politique étrangère et de sécurité commune nommé pour assister le Conseil ; M. Javier Solana occupe cette fonction depuis 1999. L'Union a su aussi sur plusieurs points s'exprimer d'une manière commune (le conflit israélo-palestinien en reste le meilleur exemple) ou mener une action commune au Kosovo. Sur le plan de la défense, les résultats ne sont pas sans portée, et l'on a avancé progressivement vers la constitution d'une force opérationnelle d'intervention.

Certes, l'on reste éloigné d'une politique commune, mais encore une fois une démarche s'est initiée. La Constitution européenne ne pouvait pas ne pas faire de cette question un thème essentiel de ses travaux et chercher à permettre des progrès sensibles.

2. **Les apports de la Convention.** – Il y a d'abord la fusion des piliers. L'Union doit présenter une structure unique quel que soit le domaine d'action concerné. Le projet de constitution regroupe dans sa troisième partie l'ensemble des politiques communes. L'action extérieure de l'Union correspond au titre V ; la politique étrangère et de sécurité commune forme le second chapitre de ce titre qui réunit l'ensemble des relations internationales de l'Union, y compris celles relevant de l'Union économique et monétaire comme la politique commerciale commune (chap. III) ou les accords internationaux conclus par l'Union (chap. IV). Selon la question, les procédures peuvent être différentes, mais cette constatation n'est pas propre à l'action extérieure. La politique étrangère et de sécurité commune conservera un caractère intergouvernemental mais ne plus en faire un appendice à part est un pas vers une normalisation progressive de la démarche par rapport aux autres politiques communes. Il s'agit dans ce pas d'une évolution qui ne relève pas seulement du symbole. Il y a peu de temps, à Nice en 2000, un tel résultat était encore considéré comme utopique.

Il y a ensuite la création du ministre des Affaires étrangères de l'Union. L'intitulé même de la fonction est important, le mot « ministre » renvoyant à un titre qui exprimera quelque chose tant aux citoyens de l'Union que dans les pays tiers. Et s'il y a un ministre des Affaires étrangères, c'est qu'il devrait y avoir une politique qu'il sera chargé de proposer et de mettre en œuvre.

Ce ministre réunira les fonctions de haut représentant et de commissaire en charge des relations extérieures qu'il exercera selon les compétences et procédures propres à chacune d'entre elles. Ce ministre, ce sera Solana (le haut représentant) plus le commissaire en charge des relations extérieures. Ainsi que l'indique l'article I-28, le ministre des Affaires étrangères de l'Union sera nommé par le Conseil européen statuant à la majorité qualifiée (et non pas à l'unanimité) avec l'accord du président de la Commission. Il sera mis fin à son mandat selon la même procédure. « Il conduit la politique étrangère et de sécurité commune. Il contribue par ses propositions à l'élaboration de la politique étrangère commune et l'exécute en tant que mandataire du Conseil des ministres. Il agit de même pour la politique de sécurité et de défense commune. » Il est parallèlement l'un des vice président de la Commission, en charge de l'action extérieure de l'Union et, dans l'exercice de ses responsabilités, il est soumis aux procédures qui régissent le fonctionnement de la Commission.

Ce ministre préside le Conseil des ministres des Affaires étrangères (art. III-296). Le ministre des Affaires étrangères « représente l'Union pour les matières relevant de la politique étrangère et de sécurité commune. Il conduit au nom de l'Union le dialogue politique et exprime la position de l'Union dans les organisations internationales et au sein des conférences internationales ». Il s'appuie sur un service européen pour l'action extérieure, disposant d'un savoir diplomatique propre qui lui permettra d'avoir son autonomie. Il peut proposer au Conseil des ministres la nomination d'un « représentant » spécial auquel il confère un mandat en liaison avec des questions politiques particulières. Le représentant spécial exerce son mandat sous l'autorité du ministre des Affaires étrangères de l'Union (art. III-302). Le ministre consulte et informe le Parlement européen (art. III-304).

Par ailleurs sera crée (art. III-307) un comité politique et de sécurité sur la situation internationale. Outre un rôle d'assistance permanente du Conseil des ministres, le comité « exerce le contrôle politique et la direction stratégique des opérations de gestion de crise » et peut être autorisé pour la durée de celle-ci « à prendre les mesures appropriées ». Ainsi le Conseil pourra-t-il confier le suivi d'une crise à un groupe d'États volontaires agissant au nom de l'Union européenne qui opérera sous la responsabilité conjointe du ministre des Affaires étrangères et du Conseil des ministres.

Pour ce qui est de la défense, et malgré la politique de neutralité qui ne permet pas à certains États membres d'accepter tout type d'engagement, les progrès sont également réels. On notera en particulier la création d'une Agence européenne de l'armement, de la recherche et des capacités militaires (art. I-41, § 3 et III-311). Elle sera instituée par le Conseil des ministres statuant à la majorité qualifiée et « ouverte à tous les États membres qui souhaitent y participer ». Outre la gestion des crises par cette Agence, des coopérations renforcées entre certains États membres sont prévues, « coopération structurée » pour les États répondant à des critères de capacités militaires élevés et acceptant « des engagements plus contraignants en vue des missions les plus exigeantes » et une « coopération plus étroite en matière de défense mutuelle » (art. I-41, § 6 et III-312).

Enfin, nous soulignerons la budgétisation du Fonds européen de développement (FED) qui doit montrer que la politique d'aide aux pays en voie de développement répond à une mission première de l'Union européenne ou la création d'un corps de volontaires de l'aide humanitaire (art. III-321, al. 5) pour permettre à des jeunes européens de contribuer ensemble à des actions humanitaires menées par l'Union.

Nous sommes encore loin d'une véritable politique commune dans le domaine de la politique étrangère et de sécurité. Nous regretterons que l'unanimité reste la règle et la majorité qualifiée l'exception, car l'unanimité empêche le plus souvent une action, ou au moins une action ambitieuse. On peut aussi s'interroger sur la place que saura prendre (ou pourra prendre) le ministre des Affaires étrangères. Il lui faudra, sans créer de conflits à l'intérieur de l'Union, affirmer sa capacité d'être perçu comme un acteur direct. Mais il serait injuste de ne pas souligner que la Convention est allée plus loin que beaucoup le pensait à l'origine et que la Constitution européenne porte clairement l'objectif de définition d'une politique commune.

3. **Un débat qui devra se poursuivre.** – Parallèlement aux travaux de la Convention et de la conférence intergouvernementale, l'actualité a montré que si sur

le principe d'une démarche commune en matière de politique étrangère et de sécurité il pouvait y avoir conscience de l'intérêt pour l'Union européenne d'affirmer sa volonté d'action, les pays membres étaient divisés sur le positionnement de cette politique. Comment trouver des compromis, sans renoncer à l'ambition affichée, entre pays souhaitant une alliance privilégiée avec les États-Unis et ceux recherchant une plus grande autonomie des positions européennes, entre « grands » pays et « petits » pays, entre États avec des forces militaires importantes et États neutres, entre le souci sécuritaire des nouveaux États membres de l'Europe de l'Est les conduisant à sanctuariser leur récente ou prochaine adhésion à l'OTAN et la définition d'une politique propre à l'Union européenne... ? Quadrature du cercle ou mission impossible ?

Pour surmonter ces contradictions, un impératif : organiser un meilleur dialogue entre les États européens et s'obliger à une concertation toujours plus étroite, dialogue et concertation qui doivent être un préalable à toute position publique tranchée. Être dans l'Union européenne ne peut obliger à être toujours en accord les uns avec les autres, ni même à devoir accepter – si l'on estime qu'un intérêt national sensible est en cause – à se plier à la règle de la majorité. Par contre, il serait normal que chacun prenne l'habitue d'éviter les déclarations préalables, les gestes unilatéraux qui figent des désaccords, suscitent nécessairement des tensions et empêchent de trouver un terrain, sinon de compromis, du moins de compréhension mutuelle permettant à chacun de vivre sa différence sans faire éclater au grand jour des divergences qui sapent l'autorité et la crédibilité de l'Union européenne. Le début de 2003 avec la crise irakienne et celle de la relation euro-Atlantique a été l'illustration même de la cacophonie à prescrire désormais ! Si les États membres veulent bien jouer le jeu de ce dialogue et de cette concertation préalables, la Constitution européenne crée les procédures nécessaires.

IV. – **Un espace de liberté, de justice et de sécurité**

Les articles III-158 à III-178 constituent une nouvelle avancée d'un effort d'action commune instituée par ce que l'on dénomme le troisième pilier de l'Union avec l'article K du traité de Maastricht instaurant la coopération « dans le domaine des affaires intérieures et de la justice » (comme le 2e « pilier » relatif à la politique étrangère et de sécurité, ce « pilier » est conçu sous la forme de dispositions spécifiques et sur la base d'une coopération qui reste intergouvernementale), article transformé par le traité d'Amsterdam qui intègre à l'action communautaire de droit commun les questions des visas, du droit d'asile et de la politique d'immigration et limite le 3e pilier à « la coopération policière et judiciaire dans le domaine pénal ».

Les dispositions proposées par la Convention sont certainement l'un des domaines où le développement espéré de l'action commune de l'Union est le plus important. Valéry Giscard d'Estaing, devant le Conseil européen de Thessalonique, a parlé d' « une réforme fondamentale attendue par les citoyens... Ainsi, vue par les citoyens, l'Europe disposera de deux des éléments sur lesquels se fonde la vie commune des peuples : la monnaie et la justice ». Même si une telle affirmation peut paraître optimiste, l'apport de la Constitution européenne doit pas être sous-estimé.

1. **Un véritable objectif d'action commune.** – Comme pour la politique étrangère et de sécurité commune, le 3e « pilier » est supprimé. Comme déjà indiqué, l'ensemble des politiques communes est regroupé au chapitre III du titre III de la troisième partie du projet de Constitution européenne. L'effacement de la structure en trois piliers de l'Union européenne va dans le sens souhaité de clarification et de simplification du système européen.

La « communautarisation » de l'espace de liberté, de justice et de sécurité signifie qu'il sera possible d'arrêter des actes de droit commun, alors que la pratique depuis Amsterdam a montré que les conventions, même si certaines ont été adoptées, n'entraient pas en vigueur faute des ratifications nécessaires et que les décisions cadre ou décisions souffraient pour leur concrétisation de l'absence d'effet direct. Des lois européennes ou lois-cadre deviendront possibles, d'autant plus que le vote à la majorité qualifiée et la codécision sont étendus. La compétence de la Cour de justice se trouvera de fait applicable.

Certaines procédures spécifiques ont été maintenues, mais l'important est que la Constitution européenne fasse de ces questions, qui touchent à la préoccupation quotidienne des Européens, une véritable politique commune.

2. **Le contrôle des frontières, la politique d'immigration, le droit d'asile.** – Chacun sait l'importance de ces sujets pour la crédibilité de l'Union. Un véritable

marché intérieur implique un contrôle aux frontières réalisé sur des bases identiques quel que soit le pays d'entrée dans l'Union. La libre circulation des personnes nécessite une coordination étroite des politiques d'immigration et de l'octroi du droit d'asile puisqu'une personne admise dans un État membre, qui deviendra vraisemblablement un national de cet État après quelques années de présence, pourra alors bénéficier du droit de travailler dans un autre État membre.

La Constitution prévoit, sauf exceptions limitées, de passer systématiquement à la majorité qualifiée et à la codécision dans ces domaines. Il faudra certes, au-delà du texte du traité constitutionnel, une volonté politique et il y a encore des divergences d'un pays à l'autre. Mais ces questions ont déjà fait l'objet à l'automne 2004 d'un programme important qui peut permettre d'espérer que nous avancerions sensiblement dans un proche avenir. On notera qu'il n'a pas été possible de faire figurer dans la Constitution la mention de la création d'un corps européen de gardes-frontières souhaité par la Commission et plusieurs États membres, mais ses dispositions peuvent conduire à sa constitution si accord il y avait. Par contre l'article III-267, alinéa 3, prévoit la conclusion directement par l'Union avec des pays tiers d'accords visant la réadmission, dans les pays d'origine ou de provenance, de ressortissants de ces pays en séjour irrégulier.

3. **La coopération judiciaire en matière civile.** – Le principe de reconnaissance mutuelle des décisions judicaires et extra judiciaires, principe posé par le Con-

seil européen de Tampere en octobre 1999, principe sans lequel l'espace commun recherché ne saurait exister devient un principe qui ne relève plus seulement du domaine de la déclaration politique mais reçoit une valeur constitutionnelle puisque explicitement posé par l'article III-269. Une loi ou loi-cadre sera élaborée pour établir les mesures nécessaires à sa mise en œuvre. Elle relèvera de la majorité qualifiée au Conseil des ministres, sauf pour les aspects touchant le droit de la famille où l'unanimité subsistera (même si le Conseil des ministres pourra, à l'unanimité, décider d'instaurer la majorité qualifiée).

4. **La coopération judiciaire en matière pénale.** – Ici aussi, le principe de reconnaissance mutuelle des décisions judiciaires est un principe constitutionnalisé (art. III-270), et une loi ou loi-cadre établira les mesures permettant son application. Elle relèvera d'un vote à la majorité qualifiée au Conseil des ministres et de la procédure de la codécision.

Les compétences de l'Union sont clarifiées et précisées. Des règles minimales pourront être adoptées qui constituant une base commune à l'ensemble des États membres. Par exemple, ces règles minimales pourront concerner l'admissibilité mutuelle des preuves, les droits des personnes dans la procédure ou celles des victimes de la criminalité. Ces règles minimales pourront définir un niveau minimum dans la définition et les sanctions de certaines infractions pénales particulièrement graves *et* revêtant une dimension transfrontalière (terrorisme, traite des êtres humains, exploitation sexuelle des femmes et des enfants, trafic illicite de drogues ou d'armes, blanchiment d'argent, corruption, criminalité informatique ou autres formes de criminalité organisée). Il y a là en gestation les bases d'un futur Code pénal de l'Union européenne qui s'ajouterait aux codes pénaux nationaux et que ces derniers devraient respecter.

Même si certains pays comme la France auraient souhaité aller plus loin, la compétence d'Eurojust (art. III-273) est élargie. Organe de coopération entre les autorités judiciaires des États membres pour coordonner les poursuites relatives à la criminalité grave, Eurojust pourra – dans des conditions définies par la loi européenne, déclencher directement des poursuites pénales, alors qu'aujourd'hui elle peut seulement demander aux autorités nationales leur déclenchement. De même, et bien que le sujet ait fait l'objet au sein de la Convention de très vifs débats (avec notamment une forte opposition du Royaume-Uni), il est prévu que le Conseil des ministres puisse à l'unanimité et après approbation du Parlement européen, créer un « parquet européen » à partir d'Eurojust (art. III-274). « Le Parquet européen est compétent pour rechercher, poursuivre et renvoyer en jugement... les auteurs et complices de crimes graves affectant plusieurs États membres ainsi que d'infractions portant attente aux intérêts financiers de l'Union... Il exerce devant les juridictions compétentes des États membres l'action publique relative à ces infractions. » Même si plusieurs conventionnels auraient souhaité la désignation d'un procureur européen coiffant ce Parquet européen pour lui donner davantage d'autorité, et de lisibilité à l'égard des citoyens, même si la règle de l'unanimité sera un frein sérieux dans une Union européenne élargie, il y a là une avancée positive.

5. **La coopération policière.** – Il s'agit ici de la place prévue dans la Constitution européenne à l'organe équivalent à Eurojust pour la coopération judiciaire, c'est-à-dire Europol, dont le principe de la création avait été également décidé par le traité de Maastricht. Europol (art. III-276) est chargé « d'appuyer et de renforcer l'action des autorités policières et des autres services répressifs des États membres ainsi que leur collaboration mutuelle dans la prévention et la lutte conte la criminalité grave affectant deux ou plusieurs États membres, le terrorisme et les formes de criminalités qui portent atteinte à un intérêt commun qui fait l'objet d'une politique de l'Union ».

La Convention créant Europol sera remplacée par une loi européenne, ce qui facilitera l'évolution progressive de l'institution.

Il est regrettable, même si la coopération policière normative relèvera du vote à la majorité qualifiée, que toute la coopération opérationnelle – l'essentiel en matière de coopération policière – continuera à nécessiter une unanimité au sein du Conseil des ministres. De même l'action opérationnelle d'Europol sur le territoire d'un État membre requerra toujours l'accord de cet État, et l'application de toute mesure de contrainte restera de la compétence exclusive des États membres. Même si on peut comprendre que nous sommes en matière policière dans un domaine directement lié à l'exercice de la souveraineté nationale, ces restrictions, l'impossibilité pour Europol d'être une agence opérationnelle, ne facilitent guère le développement cependant affiché d'une politique concrète de l'Union européenne.

DEUXIÈME PARTIE

LA STRUCTURE DE LA CONSTITUTION EUROPÉENNE

Il s'agit maintenant de nous demander comment l'on va faire l'Europe.

Nous voudrions expliquer qu'il y a des impératifs pour réussir. La Constitution européenne répond-elle à ceux-ci ? A-t-on pu et su adapter le système institutionnel aux contraintes d'une Europe élargie et d'un domaine de compétences accru ?

Ensuite, la Convention et la Conférence intergouvernementale ont montré que plusieurs points faisaient l'objet de débats, débats que nous souhaitons commenter car ils resteront d'actualité dans les prochaines années et conditionneront en partie le devenir de l'idée européenne.

Chapitre I

LES IMPÉRATIFS POUR RÉUSSIR

Il s'agit d'imposer le vote à la majorité, de généraliser la codécision, de rationaliser les formations du Conseil, de réduire le nombre des actes normatifs de l'Union, de répartir clairement les compétences entre l'Union et les États membres, de renforcer le Parlement européen, de mieux préciser les fonctions du Conseil européen par rapport à celles du Conseil des ministres. La Constitution européenne répond-elle à ces impératifs ?

I. – Le vote à la majorité

Tout le monde le dit, le vote à la majorité ne peut plus être dans une Europe élargie l'objet d'un débat idéologique autour du niveau minimum de souveraineté des États membres à maintenir ou non. Même s'il reste normal de permettre à un pays qui estimerait devoir sur un point particulier obtenir dans certaines circonstances une dérogation, l'unanimité signifie quasiment l'impossibilité de décider. À 25 et plus, il n'y a pas d'alternative, l'unanimité, c'est l'asphyxie et à terme la mise en cause de l'Union elle-même. Se pose ensuite la question du mode de vote à la majorité. Le système de pondération adopté par le traité de Nice est illisible et incompréhensible pour le citoyen.

Le projet de Constitution européenne semble répondre à cette double exigence. L'article 22, alinéa 3, établit la règle de la majorité qualifiée et l'article 24, 1er alinéa, en propose une définition simple (la majorité des États membres représentant au moins les trois cinquièmes de la population de l'Union). Mais force est de constater que le débat a été vif à la Conférence intergouvernementale.

1. **Vote à la majorité et unanimité.** – La Constitution établit la règle de la majorité, mais « sauf dans les cas où la Constitution en dispose autrement ». Ainsi, des exceptions sont prévues au principe. Quand on cherche à établir la liste des matières où l'unanimité subsistera, on s'aperçoit – heureusement – que près d'une trentaine de questions cesseront de requérir l'unanimité et rentrent dans le giron du vote majoritaire. Mais on remarque qu'une soixantaine de domaines – ce qui est quand même beaucoup – continueront de relever de la règle de l'unanimité. Et, évidemment, ce sont des questions importantes tant au plan politique qu'économique. En étant un peu excessif mais pas complètement dans l'erreur, il est possible de dire que ce qui est sensible reste soumis à l'unanimité au Conseil. Le nombre de ces exceptions au principe du vote à la majorité s'explique par des accords réciproques entre pays, chacun demandant une dérogation et acceptant en compensation une demande présentée par un autre pays. Ainsi le Royaume-Uni a-t-il obtenu que la fiscalité nécessitera toujours l'unanimité ou la France pour le commerce des services culturels et audiovisuels. Les

politiques issues des 2e et 3e piliers demeurent d'une manière importante soumise à l'unanimité.

On aurait souhaité que la Convention soit moins réaliste, plus volontariste, qu'elle laisse la Conférence intergouvernementale décider de ces dérogations sans lui donner des gages par avance. La conférence intergouvernementale n'a pas amélioré les choses, et il ne pouvait en être autrement.

En contrepartie, il est juste de souligner que la Constitution prévoit deux formes d'atténuation à ces exceptions au principe du vote à la majorité. D'abord il y a l'assouplissement et l'élargissement des possibilités de coopération renforcée entre certains États membres. Ensuite différents articles prévoient une clause « passerelle » qui permettrait au Conseil européen de décider – à l'unanimité – de faire passer une matière dans le domaine du vote majoritaire. Sans révision formelle de la constitution, il serait ainsi envisageable qu'au fil des années le nombre des dérogations puisse diminuer (mais l'exigence de l'unanimité risque de rendre cette clause « passerelle » difficile à mettre en œuvre). Il existe aussi des clauses « passerelles » spécifiques, pour la PESC (art. I-40 et III-300), la politique sociale (III-210), l'environnement (III-234) ou le droit de la famille (III-269).

Cette question de l'unanimité restera pour l'Union dans les prochaines années un défi difficile. Comment vivra-t-on avec cette exigence dans une Union élargie ? Saura-t-on trouver les compromis nécessaires ou assistera-t-on à des blocages trop fréquents ? Si blocages, pourra-t-on les surmonter par le développement des coopérations renforcées, et ce développement est-il bien dans l'intérêt de l'Union européenne ?

2. **Modalités du vote à la majorité qualifiée.** – La Convention a proposé de renoncer au système de pondération des voix, un système devenu, au fil des élargissements successifs, complètement inexplicable au citoyen européen.

Comment expliquer et justifier (traité de Nice) qu'un vote soit dit majoritaire, mais que cette majorité puisse demander trois formes ? 169 voix – dans l'Union à 15 – soit 71,3 % des voix (pourquoi 71,3 % ?), le vote favorable d'une majorité des États membres si la délibération est prise sur proposition de la Commission et d'au moins les deux tiers autrement, enfin le droit pour un État de vérifier que les États membres constituant cette majorité représentent au moins 62 % (pourquoi 62 % ?) de la population totale de l'Union !

Comment expliquer et justifier le nombre de voix attribué aux États membres (29 voix pour chacun des quatre pays les plus peuplés – Allemagne, France, Italie, Royaume-Uni – même si l'Allemagne est nettement plus peuplée mais a accepté cette égalité en contrepartie d'un nombre de sièges plus important au Parlement européen ! ; 27 voix pour l'Espagne et la Pologne comptant presque moitié moins d'habitants que l'Allemagne !) ?

La règle proposée par la Convention avait l'avantage de la clarté et de la simplicité. Exiger une majorité des États membres et, vu le nombre important de pays à faible population dans l'Europe élargie, que cette majorité représente au moins les trois cinquièmes de la population de l'Union est une modalité aisée à comprendre et à expliquer.

Les trois cinquièmes de la population font du vote à la majorité une délibération difficile. Cela atténue le principe posé du vote majoritaire, d'autant plus que lorsqu'on ne décide pas sur la base d'une proposition de la Commission (ou du ministre des Affaires étrangères), la Convention suggérait non plus la simple majorité des États membres, mais les deux tiers d'entre eux.

Le consensus obtenu à la Convention est bien alambiqué et en fait n'existait pas comme l'a montré la position de l'Espagne et de la Pologne exigeant à la Conférence intergouvernementale un retour pur et simple aux dispositions du traité de Nice.

Ce sujet est, on le sait, la raison première de l'échec de décembre 2003. Le compromis trouvé in fine en juin 2004 est à la fois dans l'esprit du système proposé par la Convention (on renonce à un nombre de voix par État et on s'appuie sur une double majorité, nombre d'États membres et pourcentage de la population de l'Union mais une majorité sans doute trop difficile à réunir, d'où un risque de blocage réel). Il faudra (art. I-25) 55 % des membres du Conseil (comprenant au moins 15 d'entre eux) réunissant au moins 65 % de la population. Lorsque le Conseil (ou le Conseil européen) ne statue pas sur proposition de la Commission ou du ministre des Affaires étrangères, la majorité qualifiée nécessitera 72 % des membres (et toujours 65 % de la population). De plus, quatre États membres peuvent constituer « une minorité de blocage » et empêcher toute délibération.

Il faut surtout ajouter – pour le regretter – que cette nouvelle modalité du vote à la majorité ne s'appliquera pas tout de suite, dès l'entrée en vigueur de la Constitution européenne, mais seulement en 2009, au 1er novembre 2009 ! D'ici là, les dispositions du traité de Nice s'appliqueront (258 voix sur 345 dans une Union à 27). L'Espagne et la Pologne ont obtenu ce report. L'entrée en vigueur du nouveau système est conditionnée à une décision du Conseil européen sur la composition du Parlement européen qui sera élu en 2009. Cette décision nécessitera l'unanimité, ce qui promet un beau et difficile marchandage ! Et un accord n'étant pas acquis d'avance, que se passera-t-il en cas de blocage ? Mettra-t-on malgré tout en vigueur la nouvelle majorité qualifiée ?

II. – La codécision

Le principe est simple : sauf exception explicitement mentionné dans le texte de la constitution, la procédure de codécision est la règle pour l'adoption de la loi et de la loi cadre, c'est-à-dire qu'elle requiert un accord conjoint du Conseil des ministres et du Parlement européen la procédure de codécision est décrite à l'article III-396. La Constitution parle de la « procédure législative ordinaire ».

Ce principe connaît des exceptions mais elles ne soulèvent pas les mêmes problèmes que celles relatives au vote à la majorité.

La codécision est une condition de la démocratie au sein de l'Union européenne. Le développement des compétences de l'Union, l'augmentation continue des actes législatifs qu'elle adopte ne sauraient être compatibles avec des situations où le Parlement européen élu au suffrage universel direct ne deviendrait pas un législateur à part entière comme le Conseil. Comment expliquer et justifier qu'une question lorsqu'elle était de compétence nationale relevait de la loi votée par le

Parlement et parce qu'elle devient une compétence exercée en commun au sein de l'Union le Conseil, donc les gouvernements, puisse rester l'instance de décision finale ?

L'évolution a été largement engagée par le traité de Maastricht. Les traités d'Amsterdam et de Nice ont élargi le champ de la codécision. La Constitution européenne fait enfin de la codécision le principe de base. On s'en réjouira.

III. – Les formations du Conseil (art. I-24)

Au fil des années, le nombre des formations du Conseil des ministres est devenu trop important. La conséquence en est une absence de lisibilité pour le citoyen et un émiettement excessif des responsabilités (les questions sont examinées sous un angle trop spécialisé, donc trop technique). Dans chaque pays, tous les ministres veulent participer à une formation du Conseil, et ce dernier se réunit à des niveaux trop nombreux, correspondant aux découpages ministériels des États membres et non en fonction des missions confiées à l'Union européenne. Les États critiquent souvent l'interventionnisme de l'Union et sa tendance à la technocratie, mais ce sont ces États qui en sont responsables !

La Convention proposait de « recentrer » le Conseil sur deux formations, le Conseil législatif et des affaires générales et le Conseil des ministres des Affaires étrangères.

Comme le disait Valéry Giscard d'Estaing en présentant la Constitution européenne à Thessalonique, le Conseil législatif et des affaires générales deviendra « le pivot du dispositif du Conseil des ministres, veillant à assurer la cohérence et la synthèse de son fonctionnement, aujourd'hui dispersées dans de trop nombreux Conseils spécialisés ».

Ce Conseil législatif a été biffé dès le début de la Conférence intergouvernenentale. On a seulement maintenu un Conseil des affaires générales qui « assure la cohérence des travaux es différentes formations du Conseil ». À heureusement subsisté l'innovation selon laquelle les délibérations des Conseils sur les projets de loi européenne deviendront publiques. Cette disposition est importante pour la transparence de l'Union.

« La présidence des formations du Conseil des ministres est assurée par les représentants des États membres au sein du Conseil des ministres selon un système de rotation égale. » On garde donc la présidence tournante en vigueur aujourd'hui, et il n'y a pas eu accord pour dire, comme le proposait la Convention, que sa durée passerait de six mois à un an ce qui aurait donner les moyens d'un plus grande autorité et continuité de la présidence du Conseil. La Convention avait aussi prévu d'instituer une présidence partagée à quatre ou cinq États choisis selon des critères géographiques et sur la base d'une rotation égalitaire. Cette présidence aurait exercé ces fonctions sur deux ans selon des modalités à préciser. Mais le statu quo l'a emporté.

Le Conseil des Affaires étrangères est présidé par le ministre des Affaires étrangères de l'Union. « Il élabore l'action extérieure de l'Union selon les lignes stratégiques définies par le Conseil européen, et assure le cohérence de son action. » Réunissant les ministres des affaires étrangères de chaque État membre, la reconnaissance particulière de cette formation du Conseil doit lui donner légitimité et autorité. Elle est bien la preuve de la volonté de la Convention de donner à l'Union les instruments nécessaires à une politique étrangère et de sécurité commune pour peu que les États membres soient capables de lui construire un contenu.

IV. – La réduction du nombre des actes normatifs de l'Union

Toujours dans l'esprit de rendre l'Europe plus lisible aux citoyens européens, il est important que le plus grand nombre d'entre eux puissent connaître et comprendre les actes normatifs que l'Union est susceptible d'adopter, c'est-à-dire le type des décisions européennes pouvant s'appliquer à leur égard. Cela est d'autant plus nécessaire que le droit communautaire est d'applicabilité directe et prime en cas de conflit les règles de droit interne.

Quinze instruments juridiques différents aujourd'hui, c'est trop pour atteindre cet objectif. Par ailleurs, la terminologie en vigueur donne une appellation à un acte qui ne correspond pas souvent à celle de la même norme en droit interne (l'exemple type, c'est le règlement qui est la loi européenne).

La Convention propose six types d'actes (art. I-33) : la loi européenne, la loi-cadre européenne, le règlement européen, la décision européenne, les recommandations et avis.

La loi européenne remplace l'actuel règlement. La loi-cadre européenne se substitue à la directive – les règlements et les décisions sont les actes d'exécution des lois et lois cadre. On parlera (art. I-36) de « règlements délégués » quand ceux-ci interviendront de la part de la Commission qui peut se voir déléguer par une loi ou loi-cadre « le pouvoir d'édicter des règlements délégués qui complètent ou qui modifient certains éléments non essentiels de la loi ou de la loi-cadre ». Ces dernières « délimitent explicitement les objectifs, le contenu, la portée et la durée de la délégation. Les éléments essentiels d'un domaine ne peuvent faire l'objet d'une délégation ». Ces règlements délégués correspondent aux règlements d'exécution d'aujourd'hui. La décision européenne n'est obligatoire que pour les destinataires qu'elle désigne.

Les actes juridiquement obligatoires de l'Union énoncés ci-dessus doivent conduire les États membres à prendre toutes les mesures de droit interne nécessaires pour leur mise en œuvre (art. I-37). « Lorsque des conditions uniformes d'exécution des actes juridiquement contraignants de l'Union sont nécessaires, ces actes confèrent des compétences d'exécution à la Commission ou, dans des cas spécifiques dûment justifiés et dans les cas prévus à l'article I-40 (c'est la politique étrangère et de sécurité commune), au Conseil. Les actes d'exécution de l'Union prennent la forme de règlements européens d'exécution ou de décisions européennes d'exécution. »

Enfin, comme aujourd'hui, les recommandations et les avis « n'ont pas d'effet contraignant ».

Disparaissent – conséquence de la suppression du second et troisième pilier – les instruments juridiques spécifiques à la politique étrangère et de sécurité commune (« stratégies communes », « actions communes » ou « positions communes ») ou à la coopération judiciaire dans le domaine pénal (en particulier les Conventions dont on a vu qu'elles ne pouvaient être un moyen efficace en raison de l'exigence de leur ratification par tous les pays membres). Pour le reste, c'est vrai, il n'y a pas une évolution fondamentale. Mais l'évolution nécessaire n'était pas dans la nature de l'acte. Elle était dans la terminologie. Parler demain de « loi européenne » et de « loi-cadre européenne » sera un changement pas seulement symbolique. Cela montrera à tous que l'Union européenne dispose d'un pouvoir législatif propre qui lui est délégué par les États membres dans les domaines de compétences reconnues à l'Union et qui s'exerce, sauf exceptions, par des actes (lois et lois-cadre) adoptés, sur proposition de la Commission, conjointement par le Parlement européen et le Conseil des ministres.

V. – La répartition des compétences entre l'Union et les États membres

La répartition des compétences entre l'Union et les États membres est une autre question où un impératif de clarification s'impose. À la suite de la révision à plusieurs reprises des traités institutifs, à la suite aussi d'interventions de l'Union en fonction de l'actualité, il n'est pas aujourd'hui facile d'expliquer ce que les États ont décidé d'exercer en commun et ce qu'ils gardent dans leur propre compétence nationale. Cela a crée le sentiment d'une volonté de l'Union d'étendre toujours plus son champ de compétences, oubliant que si l'Union a adopté un instrument juridique sur un sujet donné, c'est que les États l'on accepté (souvent demandé) puisqu'il a fallu une délibération du Conseil des ministres.

La Convention s'est donnée pour objectif de proposer une définition claire et stable de la répartition des compétences entre l'Union et les États membres. « On saura désormais qui fait quoi en Europe », a dit Valéry Giscard d'Estaing.

Il est possible de dire que la Convention a réussi. Les compétences de l'Union sont réparties entre les compétences exclusives de l'Union, les compétences partagées entre l'Union et les États membres, et les compétences d'appui de l'Union. Après un débat animé où se sont confrontées positions optant pour une liste de compétences flexibles et non exhaustives et celles souhaitant un partage clair des prérogatives entre l'Union et les États membres, c'est ce choix qui s'est heureusement imposé. Le citoyen européen pourra savoir ce qui est de compétence communautaire et ce qui est de compétence nationale. Et la répartition fixée dans la constitution (art. I-11 à 18) ne pourra être modifiée que par une révision formelle de la constitution, d'où la disparition du risque de dérive clandestine ou de facilité vers un nouveau magma illisible.

La première partie de la Constitution définit d'une manière générale les domaines de compétence de l'Union, l'étendue et les modalités d'exercice des compétences de l'Union étant déterminées par les dispositions spécifiques à chaque domaine de la partie III.

1. **Les compétences exclusives (art. I-13).** – Cela signifie que l'Union seule peut légiférer (Les États membres ne peuvent avoir une compétence que s'ils sont habilités par l'Union ou pour mettre en œuvre des actes adoptés par celle-ci). Les matières relevant des compétences exclusives de l'Union sont les règles de concurrence nécessaires au fonctionnement du marché intérieur, la politique monétaire (pour les États mem-

bres qui ont adopté l'euro), la politique commerciale commune, l'Union douanière, la conservation des ressources biologiques de la mer dans le cadre de la politique commune de la pêche. Ces matières reprennent les sujets dont soit les traités existants, soit la jurisprudence de la Cour de justice reconnaissent aujourd'hui une compétence exclusive de l'Union (mais dorénavant elles seront clairement listées). Enfin, l'article I-13 ajoute aux domaines cités « une compétence exclusive pour la conclusion d'un accord international lorsque cette conclusion est prévue dans un acte législatif de l'Union, ou qu'elle est nécessaire pour lui permettre d'exercer sa compétence interne, ou dans la mesure où elle est susceptible d'affecter des règles communes ou d'en altérer la portée (constitutionnalisation de la jurisprudence de la Cour) ».

2. **Les compétences partagées (art. I-14).** – Union et États membres peuvent légiférer, mais la prééminence est à l'Union car, si elle exerce sa compétence, les États ne peuvent plus intervenir qu'en respectant la primauté des règles communes pour ne pas créer de conflits de normes. Les domaines de compétence partagée sont le marché intérieur ; l'espace de liberté, de sécurité et de justice ; l'agriculture et la pêche à l'exclusion de la conservation des ressources biologiques de la mer ; les transports et les réseaux transeuropéens ; l'énergie ; la politique sociale, pour des aspects définis dans la partie III ; la cohésion économique, sociale et territoriale ; l'environnement ; la protection des consommateurs ; les enjeux communs de sécurité en matière de santé publique. Par exception sont du domaine des compétences partagées, l'Union ayant

compétence pour mener des « actions » et des « programmes », la recherche, le développement technologique et l'espace, des « actions et une politique commune », la coopération au développement et l'aide humanitaire « sans que l'exercice de cette compétence puisse avoir pour effet d'empêcher les États membres d'exercer la leur ». L'Union ajoute aux actions des États des actions communes à l'Union, mais ne se substitue pas aux politiques nationales.

Enfin, la politique étrangère et de sécurité commune doit bien entendu être considérée comme une compétence partagée.

3. **Les compétences d'appui.** – L'article I-17 évoque « des actions d'appui, de coordination ou de complément ». Il cite l'industrie ; la protection et l'amélioration de la santé humaine ; l'éducation, la formation professionnelle, la jeunesse et le sport ; la culture ; la protection civile. L'Union peut accompagner l'exercice de la compétence qui reste de la souveraineté de chaque État membre, mais « les actes juridiquement obligatoires adoptés par l'Union sur la base des dispositions spécifiques à ces domaines de la partie III ne peuvent pas comporter d'harmonisation des dispositions législatives et réglementaires des États membres ». Il s'agit d' « actions » donc de programmes communs à développer et pas d'une compétence législative de principe. Il s'agit de favoriser une convergence des politiques nationales et non d'imposer des règles communes.

On ajoutera dans ce registre des compétences d'appui « la coordination des politiques économiques des États membres » (art. I-15). « L'Union prend des mesures pour assurer la coordination » de ces politiques, « notamment en définissant les lignes directrices de ces politiques » (pour l'emploi). « Des dispositions particulières s'appliquent aux États membres dont la monnaie est l'euro. » « L'Union peut adopter des initiatives en vue d'assurer la coordination des politiques sociales des États membres. »

4. **La clause de flexibilité.** – Il s'agit de maintenir une clause existant depuis le traité de Rome CEE (art. 235) selon laquelle il est toujours possible aux États membres d'adopter un acte juridique de l'Union s'ils l'estiment nécessaire sur un sujet ne relevant pas explicitement de la compétence de l'Union mais qu'il lui parait souhaitable à un moment donné de prendre ensemble. Pourquoi en effet, si tous les États membres sont d'accord, ne pas s'autoriser une action commune ?

L'article I-18 précise « si une action de l'Union parait nécessaire dans le cadre des politiques définies de la partie III pour atteindre l'un des objectifs fixés par la Constitution, sans que celle-ci ait prévu les pouvoirs d'action requis à cet effet, le Conseil des ministres, statuant à l'unanimité sur proposition de la Commission et après approbation du Parlement européen, adopte les dispositions appropriées ».

La Commission doit « attirer » l'attention des parlements nationaux des États membres sur les propositions en question pour leur permettre, si certains souhaitent contester le bien-fondé d'une intervention de l'Union, de mettre en œuvre le contrôle du principe de subsidiarité.

Enfin, la clause de flexibilité ne peut pas « comporter d'harmonisation des dispositions législatives et réglementaires des États membres dans les cas où la Constitution exclut une telle harmonisation ». Il s'agit des domaines visés à l'article I-17, c'est-à-dire les compétences d'appui de l'Union.

Certes l'unanimité ne sera pas facile à obtenir, mais pas impossible. Ainsi le 5 novembre 2004, le Conseil européen a-t-il décidé d'activer une telle « clause-passerelle » prévu par le traité d'Amsterdam pour l'adoption des actes relatifs notamment au contrôle des frontières et à l'immigration illégale (l'Allemagne s'est opposée à l'inclusion de l'immigration légale) en permettant, à compter du 1er avril 2005, un vote à la majorité qualifiée du Conseil et en codécision avec le Parlement européen.

VI. – Un Parlement européen renforcé

Pour la légitimité démocratique de l'Union, il est important que le Parlement européen représentant directement les citoyens des États membres apparaisse bien comme disposant de compétences à peu près équivalentes à celle d'un Parlement national.

Le fait de voter la loi européenne est déjà significatif. Tout autant sont ses pouvoirs accrus quant au vote du budget de l'Union. La suppression de la distinction entre dépenses obligatoires (découlant de politiques prévues par les traités) et dépenses non obligatoires, où le rôle du Parlement européen est moins important, est aussi une évolution qui va compter. Dans les « navettes » entre le Parlement et le Conseil, et si le comité de conciliation n'arrive pas à un accord, le Parlement européen peut avoir le dernier mot sur les amendements qu'il a introduit s'il statue à la majorité des membres le composant et des trois cinquièmes des suffrages exprimés (art. III-310).

Valéry Giscard d'Estaing a dit à Thessalonique que le Parlement européen était « le grand gagnant de notre Constitution ». Mais le fait de confirmer la composition du Parlement avec un nombre trop important de députés (le plafond passe même à 750, soit 18 de plus qu'à Nice) ne facilitera pas le fonctionnement interne de l'institution. Un tel nombre de membres fera du Parlement européen une assemblée parmi les plus nombreuses existante dans le monde, et celles qui en comptent davantage ne sont pas considérées comme des assemblées vraiment décisionnelles. Il est de plus illusoire de croire que cela pourra évoluer puisqu'il faudrait une décision à l'unanimité du Conseil européen, et jamais un État n'acceptera de voir sa représentation diminuée.

VII. – Un Conseil européen aux fonctions plus clairement distinctes du Conseil des ministres

En 1974, Valéry Giscard d'Estaing avait voulu ces réunions du Conseil européen pour permettre aux chefs d'État et de gouvernement de se voir régulièrement, de débattre entre eux des grandes orientations de l'Union, de préparer des avancées régulières. La pratique a peu à peu conduit ce Conseil européen à s'institutionnaliser, à devenir une instance décisionnelle à la place du Conseil des ministres (soit que faute d'accord, les ministres laisse le Conseil européen arbitrer, soit que le sujet soit jugé médiatiquement important et qu'on laisse au Conseil européen annoncer la décision prise). Il fallait clarifier les relations entre ces deux instances ce que propose le projet de constitution.

L'alinéa 1er de l'article I-21 est clair : « Le Conseil européen donne à l'Union les impulsions nécessaires à son développement et en définit les orientations et les priorités politiques générales. Il n'exerce pas de fonction législative. » Ainsi, il est bien indiqué que le Conseil européen ne saurait plus être une instance d'appel du Conseil des ministres ni une instance décisionnelle.

La Convention proposait une composition resserrée du Conseil européen. Les ministres des Affaires étrangères ne participeraient plus de droit au Conseil européen (ce qui est normal puisqu'il y aura un Conseil spécifique des ministres des Affaires étrangères). Mais la Conférence intergouvernementale est revenue à la pratique actuelle, ce qui fait du Conseil européen un petit Parlement rendant difficile qu'il soit l'organe d'impulsion souhaité.

Les membres du Conseil européen sont les chefs d'État ou de gouvernement des États membres, le président du Conseil européen, le président de la Commission et le ministre des Affaires étrangères.

« Le Conseil européen se réunit chaque trimestre », donc quatre fois par an. Cela constitutionnalise la pratique actuelle qui depuis quelques années retient cette périodicité même si les traités se limitent à « au moins » une réunion pas semestre. « Le Conseil européen se prononce par consensus, sauf dans les cas où la Constitution en dispose autrement ».

Chapitre II

LES DÉBATS À PRIVILÉGIER

Certaines questions ont fait l'objet de débats plus vifs que d'autres à la Convention et à la Conférence intergouvermentale ou méritent à nos yeux une attention particulière car ils conditionneront le devenir de l'Union. Il s'agit de la présidence du Conseil européen, de la composition de la Commission, du rôle des parlements nationaux et du développement des coopérations renforcées.

I. – La présidence du Conseil européen

Il s'agit du débat qui a été le plus vif à la Convention et le plus médiatisé. Pendant plusieurs mois, les fortes oppositions manifestées (certainement une majorité de conventionnels) ont pu faire douter qu'il serait possible de retenir cette idée. Finalement, à la fois les clarifications (et la prudence) apportées à la définition de sa mission, comme la volonté de trouver un compromis, car chacun avait conscience que l'absence de consensus ici ne permettrait pas d'adopter le volet institutionnel de la Constitution, ont conduit à un accord dont il ne parait pas, malgré les craintes de beaucoup qu'il ait fait l'objet d'une véritable contestation à la conférence intergouvernementale (si ce n'est pour certains États à conditionner leur accord sur ce point à des concessions souhaitées sur d'autres !). C'est dire l'importance des dispositions proposées par la Convention et retenues dans le traité du 29 octobre 2004. Il y a avec la création d'un président du Conseil européen une vraie évolution par rapport au système existant. Même si la pratique devra préciser la place exacte qu'il prendra, même si cette création peut n'être considérée que comme un point de départ pour d'autres transformations, la mesure est capitale. La création d'un président du Conseil européen va permettre de donner à la fois un « visage » à l'Europe, ce qui était indispensable pour que l'Union européenne existe réellement tant à l'égard des propres Européens que des États tiers, et à l'action de l'Union la continuité et la capacité d'impulsion dont force est de reconnaître qu'elles ont souvent manqué au cours des dernières années. Pour Valéry Giscard d'Estaing, qui s'est beaucoup engagé dans ce débat, sans une telle présidence, « sans un fonctionnement satisfaisant du Conseil européen, le dispositif de l'Europe élargie cessera d'avancer ». Il l'a souvent dit, à 25 États membres, la rotation semestrielle, déjà fort critiquable dans la pratique actuelle, n'a plus aucun sens.

1. **Les dispositions du projet de constitution.** – L'article I- 22 indique que le président du Conseil européen est élu par ce dernier à la majorité qualifiée (et non à l'unanimité) pour une durée de deux ans et demi. Son mandat est renouvelable une fois.

Le président du Conseil européen ne peut exercer de mandat national ce qui signifie qu'il ne peut être en même temps chef d'État ou de gouvernement, cela pour lui donner à la fois le temps nécessaire à l'exercice de sa fonction européenne et surtout faire de cette fonction une mission indépendante s'exerçant dans l'intérêt de l'Union.

Ses attributions ? « Le président du Conseil européen préside et anime les travaux du Conseil européen ; en assure la préparation et la continuité en coopération avec le président de la Commission, et sur la base des travaux du Conseil des affaires générales ; œuvre pour faciliter la cohésion et le consensus au sein du Conseil européen ; présente au Parlement européen un rapport à la suite de chacune de ses réunions. » « Le président du Conseil européen assure à son niveau et dans cette qualité, la représentation extérieure de l'Union pour les matières relevant de la politique étrangère et de sécurité commune, sans préjudice des compétences du ministre des Affaires étrangères de l'Union. »

Il est enfin prévu qu' « en cas d'empêchement ou de faute grave, le Conseil européen peut mettre fin à son mandat » selon une procédure identique à celle de sa nomination.

On voit facilement l'importance de l'évolution proposée. À une présidence tournante des Conseils des ministres comme du Conseil européen tous les six mois exercée par un État membre va se subsister l'élection à la majorité d'un homme ou d'une femme qui va être un véritable président de l'Union. L'évolution ne peut être sous-estimée. Le projet de Constitution européenne apporte ici un changement conséquent.

2. **Un débat difficile à la Convention.** – L'accord sur cette présidence du Conseil européen n'a pas été aisé. La proposition initiale est venue de la France,

particulièrement consciente de la nécessité de donner un « visage » à l'Europe, soucieuse de recréer au profit du Conseil européen une lisibilité et une crédibilité qui l'avait conduite a être à l'origine de sa création en 1974 (alors que le Conseil européen tendrait à devenir une réunion de plus du Conseil des ministres, dans une formation certes composée des chefs d'État ou de gouvernement mais sans mission spécifique véritable).

L'initiative française a été immédiatement soutenue par le Royaume-Uni et l'Espagne, ce qui ne l'a pas toujours aidée, car il a été facile à ses détracteurs de souligner que cet appui montrait bien le risque, en valorisant le Conseil européen, de renforcer le caractère intergouvernemental de l'Union et le poids des « grands pays » au détriment de son système institutionnel autonome.

Les critiques sont venues des États les moins peuplés (craignant que le président ne soit toujours choisi parmi les personnalités d'un « grand » État), des nouveaux adhérents en 2004 (qui avaient envie d'exercer, même si ce serait rare, une présidence du Conseil à l'image des présidences actuelles ; ces dernières, reconnaissons-le, si elles ne sont pas souvent motrices pour l'Union, suscitent au profit de l'État exerçant la présidence une possibilité, même réduite dans le temps, d'influence – pour imposer certaines décisions de l'Union attendues par cet État – et de médiatisation), du Parlement européen et de la Commission (dénonçant une marginalisation du président de la Commission européenne par ce président du Conseil européen). Nombreux ont été les conventionnels qui ont exprimé l'inquiétude d'une rivalité et d'une incohérence entre les trois fonctions de président du Conseil européen, président de la Commission, et ministre des Affaires étrangères. Chacun disposant d'une structure administrative propre, comment coordonner leurs actions ? N'allait-on pas aggraver les problèmes d'aujourd'hui, l'Europe ayant trois « visages » et son fonctionnement étant marqué par des conflits réguliers entre ces trois personnalités ?

Le ralliement de l'Allemagne à la proposition française dans le cadre de l'accord global conclu par ces deux pays sur le volet institutionnel de la constitution (accord exprimé par une contribution commune à la Convention le 15 janvier 2003 à la veille du 40e anniversaire du traité franco-allemand) a beaucoup aidé à trouver un compromis. L'Allemagne a en effet toujours été considérée comme attachée au modèle communautaire et à un rôle fort de la Commission. Son appui à la proposition française va permettre de convaincre que création du président du Conseil européen et respect de la place de la Commission sont compatibles. Surtout, l'accord franco-allemand ouvre la porte à un compromis d'ensemble puisque la France donne son accord à l'élection du président de la Commission par le Parlement européen.

On va aussi expliquer que le président du Conseil européen ne sera pas un chef d'État type président de la République française. Ce sera un « chairman », « un facilitateur de décision », il aura un rôle d'influence et ne sera pas décideur. Pour Valéry Giscard d'Estaing « les fonctions ne seront pas différentes des fonctions actuelles, à ceci près qu'elles s'excuseront dans la durée, et seront définies par la Constitution ». On explique qu'au plan national, on a bien un chef d'État, un chef de gouvernement et un ministre des Affaires étrangères.

Pour certains, l'accord se réalise parce qu'on ne donne pas à ce président du Conseil européen une place suffisante. Pour le faire accepter, on lui limite les moyens d'action. Peut-être, mais pour d'autres (et ils ont sans doute raison), l'essentiel est de créer la fonction. Il faut faire ensuite confiance à la pratique pour donner à ce président une légitimité qui fondera son autorité. Surtout, l'accord se réalise parce qu'à la Convention on a voulu aboutir. La France faisant de cette question un préalable, mais étant ouverte sur d'autres points à des concessions, le consensus recherché demandait un compromis d'ensemble incluant la création d'un président du Conseil européen.

3. **Un débat qui se poursuivra au-delà de l'adoption de la Constitution européenne.** – La création telle qu'envisagée dans le projet de constitution répond à la situation actuelle de l'Union européenne. Il est vrai que si le président du Conseil européen s'affirme, il se posera un problème de « cohabitation » avec le président de la Commission. Plusieurs hypothèses sont alors envisageables. Ou l'on décide clairement qu'il exercera une magistrature d'influence comme dans un régime parlementaire classique et que le véritable décideur sera le président de la Commission, ou il faudra trouver une solution évitant que chacun cherche à s'imposer et ne crée ce faisant une situation de conflit préjudiciable à l'Union. La première solution peut paraître conforme à la tradition constitutionnelle de la très grande majorité des États membres, mais l'Union européenne n'est pas un État fédéral et privilégier

ainsi le président de la Commission apparaîtra à beaucoup comme limitant trop la place des États membres et le caractère intergouvernemental que doit aussi conserver le système institutionnel de l'Union.

C'est pourquoi, Pierre Lequiller, président de la Délégation à l'Union européenne à l'Assemblée nationale, a défendu une conception originale et intelligente, créer une présidence unique du Conseil européen et de la Commission. Ce président exercerait à la fois les fonctions dévolues au président du Conseil européen et au président de la Commission. Il serait nommé par accord entre le Conseil européen et le Parlement européen.

Cette thèse a été combattue à la fois par ceux qui défendent le maintien d'un niveau fort d'intergouvernementalité (pour eux, ce serait le président de la Commission qui de fait deviendrait également président du Conseil européen) et par les partisans d'une Commission autonome (craignant à l'inverse que la fonction de président du Conseil européen l'emporte). Il est vrai qu'il y aurait là un véritable défi, mais on peut pourtant penser que cette évolution s'imposera dans les années à venir. Il faudra la défendre, expliquer qu'une telle présidence unique serait d'abord un extraordinaire moyen d'illustrer et de réaliser une unité du système institutionnel de l'Union, que pour le coup nous donnerions vraiment à l'Europe le « visage » tant attendu, qu'on atteindrait enfin le double objectif de lisibilité et d'autorité tant recherché.

Il faut une nouvelle fois se rappeler la méthode Monnet et que l'Europe a toujours avancé par étapes successives. La présidence unique viendra en son temps. Ce qui est intéressant, c'est qu'après une hostilité quasi généralisée à cette idée, beaucoup de conventionnels s'y sont ralliés et que dans la version définitive de l'article I-22 ne figure plus une mention, présente jusqu'alors, indiquant que « le président du Conseil européen ne peut être membre d'une autre institution européenne ». Il serait ainsi possible de parvenir à cette fusion sans une révision formelle de la constitution (au moins pour une première expérimentation) par accord entre le Conseil européen et le Parlement européen qui désigneraient la même personnalité au même moment comme président de chacune des deux institutions.

II. – La composition de la Commission

Avec le débat sur la présidence du Conseil européen et celui sur les modalités du vote à la majorité qualifiée, la composition de la Commission a été l'autre sujet le plus controversé, le plus longuement débattu à la Convention. Mais là, il n'y a pas eu un véritable consensus. La solution proposée était un faux accord. C'est sans doute, avec les modalités du rôle à la majorité qualifiée, les deux principaux points où la Conférence intergouvernementale a dû reprendre la discussion, car il n'y avait en fait pas eu consensus à la Convention.

1. **La solution proposée par la Convention.** – Elle paraît révolutionnaire ! La Commission comprendrait 15 membres seulement, soit son président, le ministre des Affaires étrangères (vice-président) ainsi que « 13 commissaires européens sélectionnés selon un système de rotation égale entre les États membres »,

ce dernier devant être organisé de manière à respecter une stricte égalité « pour la détermination de l'ordre de passage et du temps de présence de leurs nationaux » et à « refléter d'une manière satisfaisante l'éventail démographique et géographique de l'ensemble des États membres de l'Union ».

Une fois élu, ce serait le président de la Commission qui désignerait les 13 commissaires. Il les choisirait sur la base de propositions émises par les États membres. « Chaque État membre déterminé sur la base du système de rotation établit une liste de trois personnes, parmi lesquelles les deux sexes sont représentés, qu'il estime qualifiées pour exercer la fonction de commissaire européen. » Le président de la Commission retiendrait une personne sur chacune des listes proposées. On soulignera la différence avec le système actuel où chaque État suggère un seul nom qui s'impose de fait au président de la Commission, c'est-à-dire que chaque État choisit « son » commissaire européen. La Commission une fois composée, elle devrait bien sûr être soumise « collectivement à un vote d'approbation du Parlement européen » comme aujourd'hui.

Un commissaire européen est obligé de présenter sa démission « si le président le lui demande ».

Mais ceci étant posé, le projet de constitution ajoute que « le président de la Commission nomme des commissaires sans droit de vote, choisis en tenant compte des mêmes critères que pour les membres du Collège et venant de tous les autres États membres ». Certes, ces commissaires sont sans droit de vote, mais on retrouve un commissaire par État membre ! Enfin la Convention précise que « ces dispositions prennent effet au 1er novembre 2009 ». Cela signifie qu'on ne changera rien au moment de l'entrée en vigueur de la Constitution européenne. La nouvelle Commission désignée à l'automne 2004 poursuivra sa mission, et le nouveau système s'appliquerait seulement à la fin de son mandat de cinq ans.

2. **Une solution, reflet de positions contradictoires.** – D'un côté, nombreux ont été ceux qui, Valéry Giscard d'Estaing s'engageant très fortement, ont expliqué qu'une Commission à 25 ou 27 membres, c'était condamner cette dernière à l'inefficacité car elle ne parviendrait plus à avoir une vraie capacité d'initiative et à décider. Surtout, une Commission composée d'un national de chaque État membre, c'est remettre en cause la conception imaginée par Jean Monnet qui est de représenter et de défendre l'intérêt commun européen ; c'est faire de la Commission une instance où chaque membre s'intéressera avant tout aux intérêts de l'État dont il est le national (en particulier pour que son État le repropose et son mandat renouvelé). Pour eux, il faut dissocier le nombre de Commissaires et celui des États membres, surtout depuis que le traité de Nice a supprimé le deuxième commissaire des « grands » États. Où peut-être la légitimité de la Commission quand on constate qu'avec un commissaire par pays, les six plus peuplés avec 74 % de la population d'une Union à 25 membres ont six commissaires, les autres pays 19 commissaires pour 26 % de la population européenne (8 commissaires pour les pays dits « moyens » avec 19 % de la population, et 11 pour les « petits » avec seulement 7 % de la population) !

Pour d'autres, et on le comprendra facilement, d'abord les « petits » États (sauf ceux du Benelux) et les pays qui entreront dans l'Union au 1er mai 2004 (à part la Pologne, ce sont tous des « petits » États), il y a un attachement viscéral à avoir un commissaire. Être privé d'un commissaire, ce serait pour eux être un « sous-État », et, pour les nouveaux membres, ils ont indiqué ne pas comprendre qu'on puisse les priver d'un tel droit presque aussitôt après leur adhésion (les priver de « leur » commissaire et de « leur » présidence du Conseil cela fait beaucoup ont-ils exprimé !). Que la Commission soit à 25 trop nombreuse pour être efficace, ils le contestent en soulignant que la plupart des gouvernements nationaux des États membres comprennent un nombre de ministres plus élevé. Que la Commission devienne une institution représentative des États et ne soit plus à même de défendre l'intérêt commun européen, ils disent que c'est mettre en cause de manière inacceptable la capacité et la volonté de « leurs » commissaires à exercer leurs responsabilités « en pleine indépendance » comme le demande les traités institutifs et demain la Constitution européenne.

Voilà pourquoi on a cherché une solution médiane. Une limitation du nombre des Commissaires, mais avec un système de rotation égale entre États membres de manière à ce qu'il n'y ait pas toujours un national des « grands » pays et que la rotation s'effectue uniquement sur les autres. Dans le système proposé, tout le monde est placé sur un pied de stricte égalité, et chaque « grand » pays devra accepter d'avoir de temps à autre une Commission où il n'aura pas, parmi les commissaires, l'un de ses nationaux. C'est aussi pourquoi la mise en œuvre de la nouvelle composition de la Commission est renvoyée à 2009, pour laisser le temps aux nouveaux États adhérents de s'approprier de l'intérieur les institutions européennes et comprendre leurs difficultés de fonctionnement. Valéry Giscard d'Estaing se veut optimiste en disant que l'application en 2009 du système proposé « sera facilité par le fait que tous les États membres auront pu expérimenter d'ici là les difficultés d'assurer le fonctionnement efficace d'une Commission de vingt cinq membres ».

3. **Un faux accord ?** – Pourquoi ce jugement ? C'est la pression exercée par le président de la Convention qui semble avoir prévalu. Tout le monde voulait in fine un accord à la Convention, et le compromis ici trouvé a été accepté parce qu'il permettait seul l'accord global souhaité et parce qu'il ne paraissait pas définitif ! Mais les « petits » pays n'ont pas renoncé à leur position initiale. Voilà pourquoi la question a été de nouveau au cœur des travaux de la conférence intergouvernementale, une majorité des « petits » pays en faisant une condition de leur signature du traité constitutionnel.

Par ailleurs, on peut s'interroger, comme pour la modification éventuelle de la composition du Parlement européen, sur le réalisme à penser qu'une fois un système mis en place, il sera possible, quelques années plus tard seulement, d'en changer. On peut se demander s'il est crédible d'imaginer qu'un « grand » État membre renonce vraiment à avoir l'un de ses nationaux au sein de la Commission et que les « grands » n'ont pas eux aussi envie d'une Commission où chacun a un membre. Enfin, était-il réaliste d'imaginer une Commission de 15 véritables Commissaires et de 10 (puis 12) commissaires sans droit de vote ? Comment cela aurait-il pu fonctionner ?

La Commission et le Parlement européen, qui auraient dû être les plus ardents partisans de la formule du projet de constitution, n'ont pas soutenu cette réduction du nombre des Commissaires, ne souhaitant pas se « couper » des « petits » pays et voulant apparaître comme leurs avocats. Valéry Giscard d'Estaing le reconnaît devant le Conseil européen de Thessalonique : « La mission du Collège depuis le traité de Rome est de défendre l'intérêt commun européen, et non les intérêts des États membres. Le critère véritable de sélection devrait (il utilise le conditionnel) reposer sur la compétence et l'engagement européen, en l'absence de toute considération étatique. Mais la culture qui s'est développée récemment milite (au présent) en faveur d'un accès égal de tous les États membres à la Commission. »

4. **La solution finalement adoptée dans la Constitution européenne.** – L'article I-26 précise que « la première Commission nommée en application de la Constitution (dont celle nommée au 1er novembre 2009) est composée d'un représentant de chaque État membre », donc le système d'un commissaire de chaque nationalité est de fait prorogé jusqu'au 1er novembre 2014 ! On repousse encore de cinq ans l'échéancier proposé par la Convention. Ensuite « la Commission est composée d'un nombre de membres correspondant aux deux tiers du nombre d'États membres (20 en 2014 ?) ». Le choix des nationalités des commissaires se fera « selon

un système de rotation égale entre les États » et en respectant l' « éventail démographique et géographique ». Une fois sur trois un État n'aura pas de commissaire de sa nationalité selon un ordre préétabli et en veillant à l'équilibre entre grands et petits États comme à la représentation des différentes parties géographiques de l'Union. L'ordre sera déterminé par une décision du Conseil européen adoptée à l'unanimité.

L'idée d'une Commission réduite est ainsi confirmée. La solution retenue est moins stricte que celle issue de la Convention, mais l'essentiel semble préservé... sauf qu'il est ajouté « à moins que le Conseil européen, statuant à l'unanimité, ne décide de modifier ce nombre ». Le nombre de membres de la Commission n'est pas « gravé » dans le texte constitutionnel. On pourra adopter une nouvelle composition sans avoir besoin de réviser la constitution. Cela permettra de réduire le nombre des membres... ou au contraire de revenir à un nombre de membres égal à celui des États appartenant à l'Union !

Mais est-ce si important que le pensait la Convention et son président ?

L'important est que la Commission soit capable d'indépendance. La question du nombre ne peut-elle être réglée par une organisation différente de la Commission ? Le fait de renforcer l'autorité du président de la Commission aurait pu y aider. L'abandon de la proposition de la Convention que chaque État suggère trois noms et non un seul au président de la Commission est un élément prouvant que chaque gouvernement voudra toujours contrôler « son » commissaire.

Enfin, l'expérience des gouvernements nationaux montre qu'une composition restreinte n'a pas toujours automatiquement suffit à renforcer l'autorité d'un gouvernement ou à faciliter sa capacité décisionnelle. Il y a d'autres facteurs, plus importants, qui entrent en jeu.

L'Union européenne reste un système institutionnel *sui generis*. Il faut prendre en compte qu'elle regroupe des États d'importance inégale et que quelque part cela implique de reconnaître une place particulière aux « petits pays ». Le plus important n'est-il pas de décider la création du président du Conseil européen, d'obtenir de nouvelles modalités du vote à la majorité qualifiée, voire de faire accepter une réduction du nombre des députés au Parlement européen ? De véritables accords définitifs sur ces points ne sont-ils pas des gages d'avancée de l'Europe plus significatifs qu'un mauvais compromis sur la composition de la Commission ?

III. – Le rôle des parlements nationaux

C'est tout autant le professeur que le député à l'Assemblée nationale qui cherchera à définir quel rôle les parlements nationaux devraient jouer dans la future Union européenne après l'adoption d'un nouveau traité constitutif.

En souhaitant une plus grande reconnaissance du rôle des parlements nationaux dans l'Union européenne, le député ne vise pas à défendre une position que l'on pourrait qualifier de « corporatiste ». Il suffira de rappeler que la Déclaration annexée au traité de Nice sur les thèmes à privilégier pour un nouveau traité comme les conclusions du Conseil européen de Laeken en faisaient une priorité. Comment aussi ne pas mentionner que le président de la Convention, M. Valéry Giscard d'Estaing, a plusieurs fois indiqué que cette question devait donner lieu à des propositions ambitieuses ?

Si une vraie attention est aujourd'hui portée à ce thème, c'est qu'il s'agit d'une condition pour créer un lien direct entre l'Union européenne et les citoyens des pays membres, lien dont chacun s'accorde à dire qu'il est insuffisant et explique bien des critiques à l'égard de l'Union. Et qu'on le dise d'emblée, il ne s'agit nullement de chercher à instituer une quelconque concurrence avec le Parlement européen dont les membres sont toujours réticents à toute reconnaissance des parlements nationaux. Mieux associer ces derniers ne diminuera en rien la fonction du Parlement européen. Mais force est de reconnaître que l'élection de celui-ci au suffrage universel direct ou le développement de la codécision ne peuvent faire du Parlement européen la seule relation directe du citoyen par rapport à l'Union européenne. De même, il serait faux de croire que les parlements nationaux défendraient nécessairement une conception intergouvernementale de l'Union et seraient opposés à tout projet d'union politique.

Nous répondrons à la question posée autour de deux aspects qui résument les spectres possibles d'intervention des parlements nationaux dans l'Union européenne, à savoir les parlements nationaux et l'élaboration du droit communautaire puis les mécanismes de concertation entre parlements nationaux.

1. **Les parlements nationaux et l'élaboration du droit communautaire.** – Le droit communautaire ne cesse de se développer. On le dit souvent, on estime

aujourd'hui qu'environ 70 % des règles de droit s'appliquant dans un État membre dépendent directement ou indirectement de règlements ou directives de l'Union. Peut-on exclure les parlements nationaux des procédures d'élaboration de ce droit européen sans risquer d'en faire des adversaires de la construction européenne (pour défendre leur rôle de législateur), sans porter atteinte à la mise en œuvre du droit communautaire (même l'applicabilité directe et la primauté ne pourraient être une réponse adéquate à une éventuelle fronde d'un Parlement national), sans nier la volonté de transparence et de plus grande démocratie affirmée par tous ?

Les parlements nationaux doivent mieux intervenir à deux niveaux, celui de la préparation des réunions du Conseil et du Parlement européen où le règlement ou la directive seront débattus, celui du respect par l'Union de son domaine de compétences, c'est-à-dire être parties prenantes au contrôle de la subsidiarité.

Le rôle des parlements nationaux n'est pas défini par des dispositions communautaires mais relève du droit interne. Ainsi les constitutions des États membres prévoient que les modifications des traités constitutifs ou ceux relatifs à une nouvelle adhésion à l'Union nécessitent une ratification du parlement (sauf référendum possible dans plusieurs États). Pour le droit dérivé les parlements nationaux interviennent dans le cadre des procédures constitutionnelles existantes dans chaque pays organisant le contrôle qu'ils exercent sur leurs gouvernements respectifs. Il appartient au parlement national de chercher à influencer la position qui sera celle de son gouvernement au sein du Conseil de l'Union.

Dans la pratique, force est de constater que la situation est très différente d'un pays à l'autre. Il y a d'une part ce qu'on appelle communément le « modèle » danois (devenu scandinave) qui est très contraignant pour le gouvernement lequel doit obtenir l'aval de son parlement sur la position qu'il prendra au Conseil et, d'autre part, la pratique française (latine) où aucune véritable contrainte n'existe liant le gouvernement. Et l'on trouve dans d'autres pays des situations intermédiaires. Signalons cependant que ces différences sont dans la réalité moins importantes qu'il n'y paraît, en raison du fait majoritaire. S'il existe une majorité le gouvernement fait évidemment adopter sa position.

Chaque Parlement a crée en son sein une commission (sous une dénomination ou une autre) qui examine les propositions de la Commission et donne éventuellement un avis qu'elle cherchera à faire prendre en compte par son gouvernement dans les négociations au Conseil.

Au sein de la Convention, un groupe de travail présidé par Mme Ghisèla Stuart, a fait plusieurs propositions qui ont reçu un accueil d'abord assez favorable. Un autre groupe, présidé par M. Vitorino, s'est consacré au contrôle de la subsidiarité.

Il s'agit de prévoir dans la Constitution européenne des garanties *minima* aux parlements nationaux pour qu'ils puissent examiner dans des meilleures conditions les propositions de la Commission, pour reconnaître le principe même du droit des parlements nationaux de s'exprimer sur la législation européenne en cours d'élaboration. Il s'agit ensuite de faire jouer aux parlements nationaux un rôle dans le contrôle du respect du principe de subsidiarité.

Pour le premier point, la COSAC (Conférence des organes spécialisés sur les questions de l'Union au sein des parlements nationaux ; en France la Délégation à l'Union européenne tant à l'Assemblée nationale qu'au Sénat) extraordinaire de Bruxelles du 27 janvier 2003 a adopté un Code de conduite (« les critères de Copenhague », car issus d'un travail conduit sous la présidence danoise du second semestre 2002) définissant des standards *minima* en vue d'un contrôle parlementaire national efficace. Néanmoins ces critères sont seulement indicatifs et ne peuvent contrevenir aux règles constitutionnelles en vigueur de chaque État membre.

Surtout, la Constitution comprend un protocole sur le rôle des parlements nationaux dans l'Union européenne.

Il prévoit en particulier, alors qu'aujourd'hui ce sont les gouvernements qui transmettent à leur Parlement les projets de textes européens, que la Commission devra transmettre toutes ses propositions directement aux parlements nationaux en même temps qu'au Parlement européen et au Conseil, qu'un délai minimum de six semaines devra s'écouler entre cette transmission et l'inscription de la question à l'ordre du jour du Conseil, que la Commission communiquera son programme annuel également de façon concomitante aux parlements nationaux comme au Parlement européen et au Conseil, que la Cour des comptes enverra son rapport annuel toujours en même temps aux parlements nationaux, au Parlement européen et au Conseil ou que les parlements nationaux seront officiellement informés des résultats du Conseil.

Sur le second point (contrôle de la subsidiarité), la constitution contient un second protocole, celui-ci sur « l'application des principes de subsidiarité et de proportionnalité ». En amont de la décision communautaire et sur la base de la proposition transmise par la Commission, chaque chambre d'un parlement national pourra adresser à la Commission un avis motivé sur le non-respect du principe de subsidiarité. Au cas où un tiers des parlements nationaux (chaque Parlement aura 2 voix, 1 par chambre dans un système bicaméral comme en France. Pour les parlements monocaméraux, 14 sur 25, la Chambre unique aura 2 voix) adresseraient un tel avis à la Commission, celle-ci devrait réexaminer son projet et décider soit de le retirer, soit de le modifier, soit de le maintenir.

En aval, donc une fois un acte adopté, M. Vitorino proposait que chaque parlement national puisse saisir la Cour de justice. Ce « carton rouge » n'a toutefois pas été retenu par la Convention. Le protocole se limite à donner la possibilité au parlement national ou à l'une de ses chambres de demander à son gouvernement de saisir la Cour de justice. Mais cela est important. On ne voit pas comment un gouvernement ne pourrait pas donner suite à une telle demande de « son » Parlement. Le texte de la révision constitutionnelle française est clair, le gouvernement « saisit » la Cour de justice.

2. **La concertation entre les parlements nationaux.** – Regardons également la situation présente avant de nous demander quelles évolutions sont possibles et souhaitables.

Actuellement, la coopération entre les parlements nationaux s'effectue au sein de la COSAC, qui se réunit au moins une fois tous les six mois dans le pays qui exerce la présidence de l'Union européenne. Le bilan de cette conférence interparlementaire est relativement décevant :

- sous-utilisation des possibilités offertes par le protocole annexé au traité d'Amsterdam quant à la possibilité d'examen des propositions législatives de la Commission ;
- sous-utilisation de la possibilité d'adresser des avis aux institutions communautaires, notamment en ce qui concerne l'application du principe de subsidiarité, l'espace de liberté, de sécurité et de justice, ainsi que les questions relatives aux droits fondamentaux.

Des tensions apparaissent à chaque réunion entre parlements nationaux et Parlement européen, qui n'ont pas toujours facilité la coopération entre ces deux sources de légitimité. Le Parlement européen et ceux qui défendent une conception disons fédéraliste de l'Union européenne considèrent qu'une COSAC forte serait un danger pour le Parlement européen et un gage donné à ceux souhaitant le développement de mécanismes intergouvernementaux. Ils ont ainsi tout fait pour que le règlement révisé de la COSAC, adopté à Athènes le 6 mai 2003, soit aussi minimaliste que possible.

Il faut aussi mentionner l'existence d'une Conférence des présidents des parlements de l'Union européenne, qui se réunit généralement une fois par an.

Pour aller plus loin, plusieurs modèles sont envisageables :

- un modèle de Convention à l'image de la Convention pour l'avenir de l'Europe, fondé sur le principe d'une formalisation de l'association des parlements nationaux, du Parlement européen, des gouvernements nationaux et de la Commission, pour proposer des modifications au traité constitutionnel. C'est ce que retient le texte de la Constitution (art. IV-443). Des conventions *ad hoc* pourraient également être constituées, à l'initiative du Conseil européen, afin de proposer des recommandations sur des sujets relevant actuellement de procédures intergouvernementales ;

- un modèle de « Congrès » tel que proposé par Valéry Giscard d'Estaing, associant le Parlement européen et les parlements nationaux et se réunissant périodiquement pour débattre de l' « état de l'Union » ; un « Congrès » pourrait également à terme être compétent pour confirmer l'élection du président du Conseil européen ;
- un modèle de COSAC renforcée, à travers une intensification des réunions, la création d'un véritable secrétariat permanent garantissant la continuité des travaux et le développement de contacts réguliers entre les représentants des commissions parlementaires nationales spécialisées et les commissions correspondantes du Parlement européen. La COSAC renforcée pourrait ainsi assumer le contrôle politique sur le respect du principe de subsidiarité ;
- un modèle de seconde chambre indépendante, à côté du Parlement européen, composée par des représentants des parlements nationaux, non associée à la procédure législative communautaire, mais compétente en matière de respect du principe de subsidiarité dans les propositions législatives de la Commission ;
- un modèle de Parlement européen à structure bicamérale, avec une chambre composée par des membres des parlements nationaux, qui exerceraient ainsi un double mandat.

À ce stade, il est trop tôt pour se prononcer sur la forme que prendra la coopération interparlementaire dans l'Europe élargie. On peut écarter les deux dernières hypothèses qui ne recueilleront jamais un consensus et qui alourdiraient à l'excès un système communautaire déjà assez complexe. L'idée d'un « Congrès des peuples d'Europe », proposée par Valéry Giscard d'Estaing, n'a pas été reprise par la Convention. De fortes oppositions se sont manifestées autour de cette idée. Elles sont fondées sur l'hostilité à la création d'une nouvelle institution ainsi que sur la crainte d'un empiétement des parlements nationaux sur les prérogatives du Parlement européen. Le renforcement de la COSAC serait souhaitable mais ne viendra jamais de la COSAC elle-même. Et il ne semble pas que cela ait été une priorité ni pour la Convention ni pour la Conférence intergouvernementale. La COSAC ne sort pas renforcée, mais ignorée, du traité constitutionnel.

Le statu quo sur la concertation entre parlements nationaux risque donc d'être l'hypothèse la plus vraisemblable. Or s'il y a bien une évolution nécessaire et qui apparemment ne pose pas de question de principe ce serait celle-ci ! Une occasion de perdue ? Compte tenu de la composition de la Convention, où les représentants des parlements nationaux étaient majoritaires, le silence de la Constitution européenne sur ces parlements nationaux est surprenant. Il semble que ces conventionnels – peut-être moins avertis des joutes européennes – se soient d'abord intéressés au projet global de constitution et n'ont pas cherché à s'organiser pour défendre des positions corporatistes. Ils n'ont pas été récompensés de cette attitude ! Par rapport aux ambitions affichées au départ (voir la feuille de route de la Convention, c'est-à-dire la Déclaration de Laeken), il y a là certainement le sujet où la Convention est allée le moins loin. Le débat devra donc être repris. Mais quand ?

Nous terminerons en indiquant qu'au-delà du texte de la Constitution européenne, pour que les parlements nationaux jouent un vrai rôle dans l'Union européenne de demain, il faudrait d'abord que ces parlements nationaux expriment une vraie volonté politique, qu'en leur sein un nombre suffisant de parlementaires – et d'abord ceux qui politiquement ont un poids important – se mobilisent pour pousser à une telle évolution, que les parlements nationaux prennent eux-mêmes des initiatives tant pour mieux s'organiser afin d'être à même d'intervenir sur les questions européennes qu'en ce qui concerne la concertation entre parlements nationaux (y compris la concertation bilatérale d'un Parlement à un autre). « Aide toi et le ciel t'aidera » comme dit le proverbe.

IV. – **Les coopérations renforcées**

Le débat n'est pas nouveau mais il est essentiel pour le devenir de la construction européenne. Les élargissements sont inévitables et quelle que soit la future Constitution européenne, il est facile à comprendre qu'il sera demain difficile à 25, puis à 27 et davantage, de prendre de nouvelles initiatives d'actions communes s'il faut, pour démarrer, que tous les États membres soient d'accord au même moment et sur les mêmes modalités pour « défricher » un nouveau champ de politique commune. L'Union peut fonctionner dans les équilibres aujourd'hui acceptés, mais il est illusoire de penser qu'elle pourra faire preuve d'initiatives significatives. Que l'on s'entende bien. Il ne s'agit pas d'autoriser des États membres à ne pas respecter les engagements déjà souscrits ; il s'agit de consacrer l'idée d'autoriser un groupe d'États membres à utiliser le cadre de l'Union pour développer entre eux de nouvelles politiques qui – au moins dans un premier temps – n'engagent qu'eux. S'ils le souhaitent, certains États doivent pouvoir frayer le chemin, servir de locomotive à laquelle les autres wagons pourrons toujours se raccrocher (les États non engagés peuvent rejoindre, quand ils veulent et le peuvent, ces nouvelles actions communes).

Déjà les traités de Maastricht, Amsterdam et Nice ont prévu les dispositions nécessaires pour reconnaître ce droit et prévoient explicitement la possibilité de coopérations renforcées. Malgré un assouplissement des règles fixées d'un traité à l'autre, force est cependant de noter qu'aucune coopération renforcée n'a vu le jour. Le sujet devait donc être repris par la Convention.

1. **Le projet de Constitution européenne.** – Il est le fait de l'article I-44 et des articles III-416 à 423. La possibilité de mettre en œuvre des coopérations renforcées est clairement établie mais selon des procédures et dans des limites non moins clairement définies.

Une coopération renforcée ne peut porter atteinte au droit de l'Union tel qu'il existe et ne peut concerner les compétences exclusives de l'Union. L'autorisation de procéder à une coopération renforcée répond à un mécanisme précis. La demande est adressée à la Commission (au ministre des Affaires étrangères dans le cadre de la politique étrangère et de sécurité commune) qui décide ou non de la soumettre au Conseil des ministres (la Commission peut bloquer la demande même si elle doit en communiquer les raisons).

L'autorisation est accordée par une décision du Conseil des ministres après approbation du Parlement européen. Pour la politique étrangère et de sécurité commune, le ministre des Affaires étrangères donne seulement un avis, comme la Commission, et le Parlement européen est saisi pour information ; la décision est prise par le Conseil des ministres.

La coopération renforcée doit réunir au moins un tiers des États membres. Un État qui souhaite adhérer ultérieurement notifie son intention au Conseil des ministres et à la commission (au ministre des Affaires étrangères dans le cas de la politique étrangère et de sécurité commune). La Commission (le Conseil des ministres dans le cas de la politique étrangère et de sécurité commune) confirme cette nouvelle participation dans un délai de quatre mois. Si elle estime que « les conditions éventuelles de participation ne sont pas remplies », elle indique à l'État concerné « les dispositions à prendre pour remplir ces conditions » et fixe un délai pour réexaminer la demande de participation. L'État qui contesterait ce refus peut saisir le Conseil des ministres.

Une fois la coopération renforcée en place, seuls les États y participant prennent part à l'adoption des actes qui seraient adoptés et qui vont seuls les concerner. Toutefois, les autres États membres qui le souhaiteraient peuvent participer aux délibérations, mais sans droit de vote, du Conseil des ministres traitant du domaine de la coopération renforcée.

Les actes pris dans le cadre d'une coopération renforcée ne sont pas considérés comme un acquis devant être accepté par les candidats à l'adhésion à l'Union. Ils n'appartiennent pas à l'acquis communautaire que tout État candidat doit s'engager à mettre en œuvre.

Le projet de Constitution européenne reprend de façon beaucoup plus précise les dispositions des traités existants. Légitimant le recours à la coopération renforcée et en prévoyant les modalités, il faut espérer que cette fois le système pourra fonctionner et que l'on verra se développer de telles coopérations renforcées.

2. **Une voie nécessaire et utile, mais difficile.** – Une voie nécessaire pour surmonter les blocages décisionnels de l'Union, inévitables dans une Europe élargie où l'on n'a pas pu éviter de conserver un vote à l'unanimité sur des questions importantes. Une voie nécessaire pour éviter une flexibilité incohérente à l'intérieur de l'Union, c'est-à-dire des actes adoptés avec un nombre croissant de dérogations pour certains États membres (et pas toujours les mêmes dérogations d'un État à l'autre), voire des engagements limités à quelques États. Une voie nécessaire pour que ne se développe pas à côté de l'Union, mais dans les domaines de compétence de celle-ci, des coopérations regroupant quelques États membres.

Une voie utile non pas pour créer une Europe à plusieurs vitesses ou à géométrie variable comme on l'a souvent décrié, mais à titre de substitut (à un blocage faute d'accord ou à une impossibilité pour tous les États membres de se lier) ou de complément (pour aller plus loin et plus vite entre certains États que la politique commune telle qu'elle peut être conçue à 25 pays). Une voie utile pour permettre de défrayer de nouveaux champs de coopération sans obliger tous les États membres, mais sans non plus les écarter (puisque les États non participants à une coopération renforcée peuvent la rejoindre et que l'action entre les

États moteurs ne se fait pas en dehors de l'Union, les autres États pouvant participer aux délibérations entre les États concernés).

Une voie difficile, c'est évident, car il ne sera jamais facile de faire accepter à des États membres de l'Union que d'autres puissent mettre en œuvre une action commune alors qu'ils ne veulent pas (ce sera nécessairement compris comme un moyen de contourner leur refus et les obliger un jour au l'autre à l'accepter ; en tout cas c'est un moyen de contourner le veto que représente le vote à l'unanimité) ou ne peuvent pas l'assumer (il leur faudra alors reconnaître qu'ils ne peuvent pas, et cela peut leur sembler admettre qu'ils sont moins importants que d'autres pays ou plus en retard dans leur développement). Une voie difficile pour qu'à la fois ces coopérations renforcées fonctionnent et qu'en même temps autour du noyau dur (même s'il est déjà suffisamment important pour résister) ne se constituent pas un nombre trop élevé et disparate (les coopérations renforcées ne concerneront pas toujours les mêmes États) de cercles concentriques qui à terme porteraient atteinte à la cohérence de ces actions avec les politiques de l'Union.

Les coopérations renforcées sont une conséquence de l'élargissement et du maintien dans certains cas du vote à l'unanimité. C'est un élément de flexibilité qu'il faut accepter en contrepartie d'une Union ouverte et respectueuse des intérêts nationaux considérés à un moment ou un autre comme prioritaires par un ou plusieurs États membres. Il va falloir apprendre à vivre avec elles ; elles seront une source d'initiatives nouvelles et d'expérimentations dont on doit se réjouir. Il est sain que la Constitution européenne les légitime tout en les organisant.

La zone euro, sans être juridiquement une coopération renforcée au sens des traités, nous montre que la démarche peut être importante et positive. S'il avait fallu l'accord de tous, l'euro n'existerait toujours pas aujourd'hui. Onze États à l'origine, douze aujourd'hui, peut être d'autres dans les prochaines années : l'union monétaire est une réalité et ne l'aurait pas été autrement. Qui peut penser que l'on avancera sur l'élaboration d'une défense commune sans un mécanisme de coopération renforcée ? Les niveaux par trop différents des forces armées d'un pays à l'autre, l'attachement de quelques-uns des États membres de l'Union à un statut ou une politique de neutralité, les positions parfois divergentes par rapport aux États-Unis et à l'OTAN, ne pourront permettre de progresser au même rythme. D'une manière générale la politique étrangère peut être aussi un domaine privilégié de la coopération renforcée. Mais cette démarche est également envisageable dans le domaine des politiques économiques sectorielles.

3. **Le cas particulier de la relation France-Allemagne.** – Il ne s'agit pas d'une forme de coopération renforcée puisque cette dernière ne peut fonctionner à deux États membres seulement, mais nécessite, on l'a dit, le tiers des États membres. Néanmoins, il est utile de soulever la question de la relation France-Allemagne parce qu'on sait qu'elle a toujours été au cœur de la vie de l'Union depuis cinquante ans.

Robert Schuman s'adresse le 9 mai 1950 au nom de la France « à l'Allemagne et aux pays qui adhéreront... ». C'est bien donner à la participation de la France et de l'Allemagne un caractère propre. Sans ces deux États, point d'Europe possible. Autour d'eux, une dynamique peut se créer. Des relations de De Gaulle - Adenauer à l'amitié entre Valéry Giscard d'Estaing et Helmut Schmidt jusqu'à la volonté réciproque de François Mitterrand et Helmut Kohl, l'histoire des Communautés européennes démontre que toutes les grandes avancées ont été initiées et les crises dénouées grâce à des initiatives ou des compromis franco-allemands. Depuis l'automne 2002, ce moteur franco-allemand a de nouveau redémarré, du déblocage du dossier du financement de l'Europe élargie jusqu'en 2006 (permettant la conclusion à Copenhague des négociations avec les 10 pays candidats), aux manifestations et déclarations à l'occasion du 40e anniversaire du traité de l'Élysée, en passant par les quatre contributions communes à la Convention (sur la politique étrangère et de sécurité commune ; l'espace européen de liberté, de sécurité et de justice ; la gouvernance économique ; l'architecture institutionnelle de l'Union) ou l'accord sur la réforme de la politique agricole commune. Quand va la relation franco-allemande, l'Europe avance. Comme l'a écrit Jean-Louis Bourlanges « l'Union politique se fera à partir de la France et de l'Allemagne ou pas ».

Cette relation France-Allemagne doit aujourd'hui se faire admettre dans le cadre de l'Europe élargie, et ces deux pays mieux expliquer et mieux concerter avec les autres États membres. La crise irakienne en a été la parfaite illustration. À tort ou à raison, la France et l'Allemagne ont semblé vouloir forcer les autres pays à les suivre, entraînant de la part des États occidentaux les plus proaméricains (Royaume-Uni ou Espagne) et de la majorité des États candidats (soumis certes à la pression américaine parce que voulant adhérer à l'OTAN, mais aussi vexés par une demande d'alignement qui leur faisait penser à l'attitude de l'ex-URSS) des réactions vives. Mais ce ne veut pas dire qu'il y a refus du moteur franco-allemand. On a vu dans le même temps à la Convention que ce dernier pouvait de temps à autre exaspérer, mais que l'on appréciait de pouvoir s'y référer. Le couple franco-allemand conservera nécessairement une place toute particulière si ces deux pays savent jouer cette carte intelligemment, et c'est dans l'intérêt de l'Union européenne. Il lui faudra, c'est la règle du jeu d'une Europe élargie, se préoccuper davantage de se trouver des relais parmi les autres pays, privilégier la relation avec la Pologne (c'est ce que l'on appelle le triangle de Wermar), ne pas isoler l'Espagne ou l'Italie, construire des liens avec les « petits ».

La France et l'Allemagne ont une responsabilité particulière pour entraîner l'Europe à aller de l'avant. Il faut qu'elles sachent l'assumer tant dans la vie interne de l'Union que par des décisions propres à ces deux pays qui peuvent susciter une dynamique. À ce propos, il ne faudrait pas que l'élan né en janvier 2003 retombe et que nous sachions profiter du débat sur la Constitution européenne pour mettre en œuvre des mesures comme la possibilité de demander la double citoyenneté. Il faut montrer aux autres pays de l'Union européenne que la France et l'Allemagne veulent réellement une Europe forte incluant une forme d'Europe politique. Parce que la France est traditionnellement attachée à un modèle institutionnel privilégiant les relations intergouvernentales, alors que l'Allemagne est naturellement plus ouverte à un système fédéral (qu'elle pratique en interne), l'entente franco-allemande montre que des compromis peuvent se réaliser et surtout que la question institutionnelle ne saurait faire oublier que l'essentiel ce sont les politiques communes.

Pour ce qui est des coopérations renforcées, il faut souhaiter que la France et l'Allemagne sachent en prendre rapidement l'initiative. La défense certainement (sous la forme particulière d'une « coopération structurée » articlesI-46 et III-312), une politique sectorielle (est évoquée l'harmonisation de l'assiette de l'impôt sur les sociétés), pourraient être un premier champ d'expérimentation. L'important, plus de dix ans après Maastricht, c'est maintenant de montrer que cela peut fonctionner et être utile à l'Union.

La France et l'Allemagne auront aussi à choisir entre coopérations renforcées au sein de l'Union et « groupes pionniers » à côté de l'Union. Ces « groupes pionniers » seraient des États expérimentant de nouveaux champs d'action commune sans liens directs avec l'Union. Sauf à admettre que l'on a déjà renoncé à voir le projet de Constitution européenne aboutir, cette solution avancée aujourd'hui peut paraître inutilement créer une tension supplémentaire. Avec la Constitution européenne, la solution, ce seront les coopérations renforcées.

CONCLUSION

« La Convention est la dernière chance pour l'Europe unie », a pu écrire Valéry Giscard d'Estaing, signifiant ainsi que le projet de constitution élaboré est une nécessité absolue pour que l'Union européenne s'adapte à son élargissement et dispose d'une charte constitutive que les Européens puissent reconnaître.

À Thessalonique devant le Conseil européen, le président de la Convention se félicite du résultat obtenu : « C'est un texte unique, constituant un ensemble cohérent et sans option. Nombreux sont ceux qui ont considéré ce résultat comme étant impossible à atteindre. Si nous y sommes parvenus, c'est que chacun a accepté de reconnaître que sa solution préférée n'était pas nécessairement acceptable pour d'autres. Notre proposition est ambitieuse, en ce sens qu'elle va plus loin que ce chacun reconnaissait comme possible. Ce projet de traité constitutionnel représente un édifice et un équilibre. Un édifice parce qu'il constitue un ensemble cohérent... Un équilibre, parce que nous avons recherché avec soin le meilleur point d'équilibre entre le rôle de l'Union et celui des États membres, en préservant la possibilité d'une évolution ultérieure conçue comme reposant sur des équilibres successifs, sans rupture, ni aventure. »

La Conférence intergouvernementale a fini par un accord et un accord qui reste globalement fidèle au projet issu de la Convention.

Pour l'observateur critique mais objectif, force est de souligner, comme souvent, que le jugement à porter doit être nuancé. Il est à l'image du verre à moitié plein ou à moitié vide !

Il serait injuste et faux de ne pas rappeler que la Convention a débouché sur un projet global, sans options, adopté par consensus. Qui l'espérait vraiment début 2002 ? Les journaux en mai 2003 insistaient encore sur l'importance des désaccords entre conventionnels et peu pronostiquaient un compromis final. La Conférence intergouvernementale a elle aussi réussi. Qui le pensait après l'échec de décembre 2003 ?

En instituant la personnalité juridique de l'Union européenne, en intégrant la Charte des droits fondamentaux dans la constitution, en créant un président du Conseil européen et un ministre des Affaires étrangères, on a su aller de l'avant.

Mais en contrepoint, comment ne pas regretter que le texte de la Constitution innove finalement assez peu et soit, sur chaque point, le reflet de compromis ? Comment ne pas souligner que l'on est resté au trop fameux « triangle constitutionnel » qui, sous couvert de défendre le système mis en place par Jean Monnet, est aussi une ligne de défense corporatiste de la Commission et du Parlement européen, d'où, par exemple, la porte fermée aux parlements nationaux ? Comment encore ne pas considérer comme un recul, voire un pré abandon, le renvoi des dispositions envisagées pour la composition de la Commission ou les modalités du vote à la majorité qualifiée ?

Olivier Duhamel, conventionnel socialiste représentant le Parlement européen, a parlé d'une « Europe minimaliste ». « Pour aboutir à un consensus contraint, il a fallu en rabattre et se contenter du plus petit dénominateur commun... Le projet de Constitution européenne ressemble donc au fameux baudrier de Porthos : rutilant par devant et morne par derrière... » (*Libération,* 14 et 15 juin 2003).

Nous rappellerons cependant que l'Europe se construit depuis un demi-siècle par étapes successives. Le projet de Constitution européenne est un moment important comme l'ont été l'élection du Parlement européen au suffrage universel direct ou la mise en place de l'euro. Mais ce n'est qu'une nouvelle étape, pas le stade final d'un processus. Il faut ne pas sous-estimer les insuffisances du texte proposé, et l'on doit légitimement regretter qu'il ne soit pas davantage audacieux. Mais il est préférable d'enregistrer les progrès accomplis et de veiller à ce qu'ils entrent effectivement en vigueur.

Ne pas ratifier, c'est revenir au traité de Nice, jugé insuffisant par tous. Et comment croire sérieusement à un nouveau traité enfin plus novateur, alors même qu'on n'aurait pu s'entendre pour mettre en œuvre sur celui signé à Rome le 29 octobre 2004 ! Le texte actuel est le point d'équilibre des positions prises par les 25 et il doit être accepté comme tel. L'Union européenne n'avance pas plus vite et plus loin que l'ensemble de ses membres ne l'accepterait (sauf le mécanisme correcteur des coopérations renforcées et structurées mais prévus par la Constitution européenne).

Ce qu'il faut reconnaître, c'est que le projet de constitution répond aux principales critiques régulièrement adressées à l'Union européenne. Union illisible, sans visages, pas assez démocratique, boulimique, inefficace... Sur tous ces points, la constitution continue une amélioration incontestable. Oui, on aurait pu aller plus loin. Mais l'Union européenne fonctionnera quand même mieux avec cette constitution que sous l'empire du traité de Nice !

Enfin, comment accepter l'argument selon lequel cette constitution porterait définitivement atteinte à la souveraineté nationale ? Tout le processus européen est le contraire. Il n'y a pas transfert de souveraineté, mais exercice en commun de compétences dans des domaines acceptés par les États membres. Et à chaque élargissement ou modification des procédures de cet exercice en commun, il doit y avoir en France une révision préalable de notre Constitution, donc une acceptation formelle du peuple français qui s'exprime par la voix du Parlement ou directement par référendum. Le Conseil constitutionnel l'a dit dans une décision du 10 juin 2004. Oui à la primauté du droit communautaire... « sauf disposition expresse contraire » de notre Constitution. L'Union européenne n'est pas un État fédéral car elle n'a pas la compétence de la compétence, c'est-à-dire qu'elle ne peut, sans l'accord des États qui la composent, définir son champ d'attributions.

Ce qui est positif, c'est que la ratification de la constitution a ouvert – enfin – un très large débat sur l'Europe dans tous les pays membres. Il était temps ! L'Europe était trop illisible et trop éloignée de nos concitoyens.

L'important est que nous soyons capables de mobiliser un maximum d'Européens. Il y a des critiques contre l'Europe et contre la Constitution, et c'est normal. À ceux qui sont convaincus que l'Union européenne est un défi à relever pour nos pays respectifs, qu'elle propose à nos enfants une formidable aventure collective, de mieux défendre une idée qui devrait savoir rassembler. À eux d'expliquer ce projet de Constitution européenne, ses limites mais surtout ce qu'il va concrétiser, de montrer qu'il est seulement une étape mais incontestablement un moment historique, une chance que nous n'avons pas le droit de laisser échapper.

Ne pas ratifier ouvrirait une période difficile. L'Europe, face aux défis qui sont devant elle dans le contexte de mondialisation du XXIe siècle, a mieux à faire qu'à vivre une crise qui l'affaiblira pour plusieurs années au moins. Mais si tel devait être le cas, il faudra que certains sachent vite, comme Jean Monnet ou Paul-Henri Spaak après l'échec de la CED en 1954 devant l'Assemblée nationale française, prendre les initiatives nécessaires pour relancer le processus. Si nous parvenons à mettre en œuvre cette constitution européenne, il faudra enfin se soucier que l'Europe devienne une question d'actualité permanente devant l'opinion publique pour combler le fossé existant entre l'Europe, préoccupation prioritaire pour nos gouvernements, et des Européens la considérant comme un système technocratique étranger à leurs préoccupations quotidiennes.

BIBLIOGRAPHIE

SUR LE PROJET ISSU DE LA CONVENTION

Rapport d'information de la Délégation pour l'Union européenne de l'Assemblée nationale, n° 994 (3 t., t. 1 : Rapport de Pierre Lequiller, « Unie dans la diversité, le projet constitutionnel de l'Europe réunifiée », t. 2 : Travaux des représentants de l'Assemblée nationale à la Convention sur l'avenir de l'Europe ; t. 3 : Projet de traité adopté par la Convention).

Institut Montaigne, *L'Europe présence,* 2 t. (t. 1 : *Un projet politique exigeant* ; t. 2 : *Une cohérence institutionnelle retrouvée*), janvier 2003.

Valéry Giscard d'Estaing, *La constitution pour l'Europe,* Paris, Albin Michel, 2003.

Texte du projet de constitution, Paris, PUF, « Que sais-je ? », n° 3689.

SUR LA CONSTITUTION EUROPÉENNE

Traité établissant une Constitution pour l'Europe, Paris, La Documentation française, 2004, 232 p.

La constitution du 18 juin : le pari de l'Europe politique, Rapport d'information n° 1710 de la Délégation pour l'Union européenne de l'Assemblée nationale, 894 p.

Constitution européenne. Comparaison avec les traités en vigueur, Sénat, Service des affaires européennes, octobre 2004, 436 p.

TABLE DES MATIÈRES

Imprimé en France
par Vendôme Impressions
Groupe Landais
73, avenue Ronsard, 41100 Vendôme
Mai 2005 — N° 52 243